40 DIAS, 40 PALAVRAS

Leituras de Páscoa para tocar o seu coração

Publicações Pão Diário

40 DIAS, 40 PALAVRAS

Leituras de Páscoa para tocar o seu coração

Ken Petersen
e Randy Petersen

Originally published in English under the title
40 Days. 40 Words. Easter Readings to Touch Your Heart
©2023 by Our Daily Bread Ministries
Our Daily Bread Publishing, P.O. Box 3566, Grand Rapids, MI 49501, USA.
All rights reserved
Tradução e impressão em português com permissão
© 2024 Publicações Pão Diário, Brasil

Coordenação editorial: Adolfo A. Hickmann
Tradução e adaptação: Claudio Chagas
Revisão: João Ricardo Morais, Dalila de Assis, Marília P. Lara
Coordenação gráfica: Audrey Novac Ribeiro
Projeto gráfico e diagramação: Rebeka Werner
Capa: Gabriel Ruiz Araújo

Dados Internacionais de Catalogação na Publicação (CIP)

PETERSEN, Ken; PETERSEN, Randy
40 dias, 40 palavras — Leituras de Páscoa para tocar o seu coração
Tradução: Claudio Chagas, Curitiba/PR, Publicações Pão Diário
Título original: *40 Days. 40 Words. Easter Readings to Touch Your Heart*

1. Devocional   2. Vida cristã   3. Páscoa   4. Quaresma   5. Cristianismo

---

Proibida a reprodução total ou parcial, sem prévia autorização, por escrito, da editora.
Todos os direitos reservados e protegidos pela Lei 9.610 de 19/02/1998.
Permissão para reprodução: permissao@paodiario.org

Exceto se indicado o contrário, as citações bíblicas são extraídas da
Nova Versão Internacional, NVI © 1993, 2000, 2011, Biblica, Inc

Publicações Pão Diário
Caixa Postal 9740
82620-981 Curitiba/PR, Brasil
publicacoes@paodiario.org
www.publicacoespaodiario.com.br
Telefone: (41) 3257-4028

FF300 • ISBN: 978-65-5350-390-8

1ª edição 2024

Impresso no Brasil

*Ao nosso pai,
que nos transmitiu o amor pelas palavras
e pela Palavra de Deus.*

SUMÁRIO

Introdução 9
1. Quarenta 11
2. Cinzas 16
3. Abstinência 19
4. Jejum 22
5. Lamento 25
6. Oração 29
7. Arrependimento 33
8. Coração 37
9. Meditar 41
10. Tristeza 45
11. Dar 48
12. Tentação 51
13. Pecado 55
14. Limpo 58
15. Confessar 62
16. Penitência 65
17. Festejar 69
18. Carne 72
19. Domínio próprio 76
20. Humildade 80
21. Santo 84
22. Julgamento 89
23. Batismo 92
24. Negar 96
25. Perdoar 100

26. Deserto 103
27. Conversão 107
28. Sacrifício 110
29. Prego 114
30. Paixão 118
31. Cruz 121
32. Ressurreição 125
33. Palmeira 128
34. Hosana 132
35. Novo 136
36. Salvação 140
37. Endoenças 144
38. Boa 148
39. Sepulcro 152
40. Páscoa 155
Notas 159

INTRODUÇÃO

Para nós, irmãos que ainda estávamos na escola primária, a celebração do domingo de Páscoa era um acontecimento emocionante. O que nós lembramos das manhãs de Páscoa: vestir ternos novos, ir ao "templo" da nossa igreja batista local (na verdade, um celeiro reformado) e ver uma explosão de lírios e folhas de palmeira decorando a plataforma à frente. Lembramos com carinho da congregação cantando um hino específico com o refrão "Da sepultura saiu!", que cresce até um triunfante "aleluia" [N.T.: CC 99].

Era empolgante até para nós, meninos. É claro que ainda não entendíamos todo o impacto cósmico da ressurreição de Cristo, mas sabíamos que, de algum modo, ao ressurgir da sepultura, Jesus nos salvara. Essa era a euforia especial daquele domingo muito diferente — exatamente o que a Páscoa deveria ser.

Mais tarde, à medida que aprendemos mais sobre a Bíblia e a Igreja Primitiva numa faculdade cristã, percebemos que havia algo mais na Páscoa: que havia uma Sexta-feira Santa e algo chamado Quinta-feira de Endoenças; também, antes disso, um dia conhecido como Quarta-feira de Cinzas. E aprendemos sobre algo chamado Quaresma.

Críamos, então, como cremos agora, que a fé cristã precisa ser genuína, e não corriqueira. Olhávamos com ceticismo certas tradições da Igreja, sentindo que a fé que vivemos não deveria ser praticada simplesmente porque "sempre fizemos assim". A nossa decisão de seguir a Jesus é pessoal e de livre escolha, não motivada pelo "dever" da tradição.

E ainda assim, ao longo do caminho, fizemos outras descobertas acerca da Páscoa. Uma é que a Páscoa não é apenas um dia, e sim todo um período, uma oportunidade para um tempo devocional especial para nos aproximar de Jesus. Outra descoberta é que algumas daquelas tradições da Quaresma têm raízes sólidas na Bíblia e merecem ser consideradas mais profundamente. E mais uma coisa: muitas pessoas da Bíblia partilharam essa jornada com Jesus nos dias que antecederam a Sua crucificação e ressurreição, e poderíamos aprender uma ou duas coisas colocando-nos no lugar delas em preparação para a Páscoa.

Recordando os nossos dias naquele celeiro batista, refletimos sobre aquele mesmo hino. "Ressurreição" começa com uma tristeza sombria, "Eis morto o Salvador na sepultura", ecoando a agonia dos discípulos e seguidores de Cristo, abalados por Sua crucificação. Talvez, mesmo quando ainda meninos, tenhamos percebido que a grande celebração de "Da sepultura saiu!" era muito mais impetuosa por causa do silencioso desespero inicial de "Eis morto o Salvador na sepultura!".

E esse é o objetivo deste livro devocional de 40 dias. A nossa fé pessoal na ressurreição de Jesus se torna mais profunda e rica ao nos envolvermos na solene jornada que conduz a ela. O deserto onde às vezes nos encontramos se torna mais compreensível quando experimentamos o deserto que Jesus suportou durante 40 dias. A celebração da nossa salvação é mais alegre quando nos lembramos do desespero do qual fomos salvos.

Este livro é um convite a andar com Jesus na vereda para a Páscoa.

Ken Petersen e Randy Petersen

1

Quarenta

*Jesus preparou-se para a Prova,
jejuando quarenta dias e quarenta noites.*

Mateus 4:2 (A Mensagem)

Nos anos que se seguiram à vida, morte e ressurreição de Jesus, tornou-se prática da Igreja Primitiva separar os dias que antecediam o domingo de Páscoa. Essa observância foi oficialmente adotada pelo Concílio de Niceia, no ano 325 d.C., e se tornou um período de 40 dias, que veio a ser conhecido como Quaresma. Mas por que 40 dias?

Os números parecem ser importantes na Bíblia. O sete aparece com frequência e é considerado o número da perfeição, talvez devido aos sete dias da criação. O número 12 também é comum nas Escrituras — as doze tribos de Israel, os doze discípulos de Jesus e as doze portas da Nova Jerusalém.

E há também o número 40, que aparece ao longo de toda a Bíblia: a chuva do dilúvio de Noé durou 40 dias e 40 noites; os israelitas vagaram 40 anos no deserto; os espiões israelitas passaram 40 dias observando a terra de Canaã; Golias desafiou o exército israelita durante 40 dias; Jonas avisou à cidade de Nínive que ela teria 40 dias para se arrepender.

O jejum, uma prática associada à jornada anual até a Páscoa, também está biblicamente ligado a um período de 40 dias: Moisés jejuou durante 40 dias em preparação para receber a Lei (Êxodo 34:28); Elias jejuou 40 dias antes de se encontrar com o Senhor no monte Horebe (1 Reis 19:8).

Há na Bíblia mais um jejum de 40 dias: Jesus passou 40 dias no deserto jejuando, antes de ser tentado por Satanás (Mateus 4:1-3).

Poderíamos examinar mais profundamente esses 40 dias de jejum. Podemos pensar neles como *encontros particulares, reservados.*

Para Moisés, os seus 40 dias de jejum o levaram a um encontro com o próprio Deus, a transmissão divina dos Dez Mandamentos. Já o encontro de Elias ocorreu em um momento em que ele estava no limite e desejava morrer — mas Deus veio a ele na hora certa. O encontro de Jesus foi com o Maligno, Satanás, que o tentou três vezes.

Poderíamos pensar nos 40 dias que antecedem a Páscoa como o nosso próprio "encontro particular". É aqui que nos preparamos humildemente para o que Deus tem para nós. Neste ano, a Páscoa poderá chegar em um momento em que necessitaremos, como Moisés, dedicar-nos novamente a seguir os padrões de Deus. Talvez a Páscoa nos toque quando, como Elias, estivermos no limite. Talvez seja durante essa época que nos identifiquemos com Jesus em resistir às tentações do Maligno.

Esse último ponto merece ser mais explorado. Essa prática de 40 dias de preparação para a Páscoa liga a tentação de Cristo à Sua ressurreição. De que maneira, porém, elas estão ligadas?

Lembramos uma das tentações de Satanás a Jesus: "Se és o Filho de Deus, joga-te daqui para baixo" (Mateus 4:6). Satanás acrescenta que, ainda que Jesus se jogasse do ponto mais alto do templo, anjos o socorreriam — nada de mais. É claro que as palavras de Satanás são uma artimanha: atirando-se abaixo, Jesus estaria obedecendo a Satanás, e não à vontade do Pai. É importante colocar a tentação no contexto cósmico: Satanás estava seduzindo Jesus a abandonar a Sua divindade em um momento de fraqueza humana. Nesse cenário, o destino da humanidade estava em jogo.

Avancemos para a crucificação. Jesus é pregado na cruz. As pessoas que passavam lançaram insultos contra Ele. Elas o desafiaram dizendo: "desça da cruz e salve-se a si mesmo!" (Marcos 15:30), se Ele de fato fosse Deus. Isso soa notavelmente semelhante à tentação por Satanás que ocorrera três anos antes e carrega o mesmo significado cósmico: ao salvar-se, Jesus negaria a salvação de todos nós. Mais uma vez, o destino da humanidade está em risco.

Porém, às vezes não damos o devido valor a quão difícil foi para Jesus, como ser humano, suportar os desafios que lhe foram impostos como Cristo, o Filho de Deus. Sabemos que Sua morte e ressurreição eram o Seu destino, mas não damos atenção à possibilidade de que aquilo poderia não acontecer se Jesus houvesse cedido à tentação.

Quando, neste tempo de Quaresma, nós nos identificamos com Jesus em resistir às tentações do maligno, isso não é algo óbvio ou casual de se dizer. Devemos estar sobriamente conscientes de que as coisas não tinham de acontecer assim.

Há outro significado do número 40 em nossa preparação para a Páscoa. Quarenta dias de vida no deserto e tentações são *difíceis*. Embora possamos ter dias bons, há também dias ruins e, às vezes, muitos dias ruins. Em alguns momentos, vivemos em nosso lar ou trabalho um verdadeiro deserto.

Jesus ficou sem comer, foi tentado por Satanás, lutou contra as seduções da carne, enfrentou situações problemáticas com Seus amigos mais próximos (que, frequentemente, não entendiam quem Ele era) e suportou ridicularização e julgamento de outros. Parte disso soa notavelmente semelhante a desafios que também nós enfrentamos. Mesmo sendo Deus, Jesus viveu uma vida como a nossa.

A Páscoa não surge, a cada ano, feliz e cor-de-rosa. Para Jesus, a luta e a vitória foram difíceis. Igualmente, para nós, os 40 dias que antecedem a Páscoa são uma reflexão acerca do deserto onde nos encontramos e das tentações que enfrentamos. Caminhando junto a Jesus em direção ao domingo da ressurreição, partilhamos com Ele os nossos próprios momentos de seca e fome na jornada da vida, nossas próprias tentações e batalhas contra a carne, as nossas experiências pessoais de incompreensão e julgamentos alheios. Devido a esses 40 dias, a experiência do domingo de Páscoa tem muito mais significado. Caminhando com Jesus rumo à ressurreição, nós nos aproximamos dele.

Esse é o encontro particular definitivo.

PREPARANDO O SEU CORAÇÃO PARA A PÁSCOA

Observe onde ocorreram esses importantes encontros bíblicos: Moisés subiu uma montanha; Elias rastejou para dentro de uma caverna; Jesus caminhou para o deserto.

Como esta época da Páscoa poderá ser igual para você — uma fuga durante um tempo, em cada dia, até o seu próprio topo de montanha, caverna ou deserto, longe de todo o barulho da sua vida? Como você poderá entrar em um lugar tranquilo onde a sua vida poderá ser transformada?

Em seu lar, sua agenda ou seu ritmo diário, qual é o seu lugar de fuga, o seu lugar para encontrar Deus de uma maneira especial?

*Senhor, ajuda-me a dar a ti um tempo separado
da agitação da minha vida.*

2

Cinzas

...não passo de pó e cinza.
Gênesis 18:27

Uma manhã por ano, alguns de meus colegas iam à escola com a testa suja, manchada. Eu achava estranho imaginar que alguém havia se esquecido de tomar banho naquele dia. Porém, dois ou três outros apareciam uma mancha semelhante e eu não conseguia imaginar que um bando de crianças houvesse formado um grupo de protesto contra o banho. Olhando mais de perto, notei um formato: uma cruz.

Aprendi que aquela era uma prática de algumas igrejas em determinado dia, semanas antes da Páscoa, conhecido como Quarta-feira de Cinzas. Aquilo não era compatível com a minha experiência na igreja e, a princípio, fiquei desconfiado. Porém fui informado de que era simplesmente um símbolo da cruz. Algumas pessoas colam no carro um adesivo com o sinal da cruz; outras "recebem as cinzas" na testa na Quarta-feira de Cinzas. Nos dois casos, a pessoa está dizendo "Eu estou com Jesus".

Ainda assim, era algo curioso para mim. Apenas muito mais tarde descobri que as cinzas são muito comentadas na Bíblia.

A palavra hebraica para "cinzas" (*'eper*) é semelhante à palavra para "pó" (*'apar*). Na Bíblia, as duas são frequentemente usadas juntas e, às vezes, de maneira intercambiável.

Em Gênesis 18:27, Abraão implora a Deus que não destrua Sodoma porque seu sobrinho, Ló, mora naquela cidade. Ele se humilha diante de Deus, dizendo: "...não passo de pó e cinza [*'apar w 'eper*]".

Nas Escrituras, tanto pó quanto cinzas são, frequentemente, resultado de destruição. Após um vento do deserto destruir sua casa, Jó se sentou "entre as cinzas" (Jó 2:8). Vemos o ritual do pano de saco e cinzas praticado por Jeremias, Daniel, Mardoqueu e outros (Jeremias 6:26; Daniel 9:3; Ester 4:1,3). Devido à associação com destruição, as cinzas se tornaram parte de um ritual de luto. Em tais épocas, as pessoas usavam um tecido áspero chamado pano de saco e espalhavam cinzas sobre a cabeça. Às vezes, rasgavam suas vestes.

Cinzas também significam arrependimento de pecados. Quando Jonas declarou ao povo de Nínive que Deus os destruiria devido à sua maldade, toda a nação respondeu vestindo-se com pano de saco e cinzas em arrependimento (Jonas 3:5-8).

Usarmos cinzas simboliza tudo isso — a nossa humilde aceitação de que nada somos em nós mesmos, que nos sentamos nos destroços de nossa vida, que pecamos e fizemos tudo errado.

Ao receber as cinzas, nos identificamos com a morte de Cristo na cruz. Por meio desse símbolo, dizemos ao mundo: "Eu estou com aquele Jesus, a quem chamo Senhor".

Para a maioria de nós, fazer um borrão na testa ou colocar um adesivo com o sinal da cruz não é grande coisa.

Talvez sejamos considerados engraçados por alguns, mas que assim seja. Contudo, para muitas pessoas do mundo, usar as cinzas — identificar-se publicamente com Jesus Cristo — é causa para prisão. Para algumas pessoas, esse simples ato de "vestir-se" de cinzas seria uma sentença de morte.

Podemos nos lembrar daquela noite quando Jesus foi preso: Pedro, diante da ameaça das autoridades romanas, disse com medo: "...não o conheço" (Lucas 22:57). Nós tendemos a julgar Pedro pela sua negação, mas, se formos honestos com nós mesmos, poderíamos ter feito o mesmo.

Usar cinzas é uma declaração pública acerca do nosso Senhor. É a nossa identificação com outras pessoas para quem a marca das cinzas pode custar muito mais caro do que para nós. De certa maneira, é a nossa oportunidade de *não* sermos como Pedro — de dizer: "Sim, eu *conheço* esse Jesus. Eu estou com Ele".

PREPARANDO O SEU CORAÇÃO PARA A PÁSCOA

Na Quarta-feira de Cinzas, usamos cinzas em forma de cruz e entramos em um período de luto e espera até a crucificação de Jesus Cristo.

Esse é um momento para fazer uma pausa e um balanço da sua vida. É um tempo de sóbria sinceridade, de se confessar diante de Deus, de admitir os erros que você cometeu. Um tempo de reconhecer diante dele: "Nada sou sem ti".

> Tradicionalmente, as cinzas utilizadas na Quarta-feira de Cinzas provêm das palmas do Domingo de Ramos do ano anterior, que são queimadas, um símbolo de esperança e luto entrelaçados.

3

Abstinência

*Não se recusem um ao outro, exceto
por mútuo consentimento e durante certo tempo,
para se dedicarem à oração.*

1 Coríntios 7:5

"**D**o que você está abdicando na Quaresma?" É claro que a resposta brincalhona é "Brócolis... eu detesto brócolis".

Abdicar de algo na Quaresma é agora um *meme* da cultura popular. Independentemente da igreja com a qual nos identificamos, a abstinência na Quaresma se tornou semelhante a uma resolução de Ano Novo, uma espécie de técnica de autoaperfeiçoamento. Abdicamos de comer *cupcakes*, por exemplo, como ato de superar um mau hábito. Ao nos abstermos de um vício, nós nos aprimoramos.

Porém, essa compreensão da abstinência na Quaresma é invertida. De fato, como acontece com muitos aspectos da época da Páscoa, não se trata de nós; trata-se dele: Jesus.

A Bíblia nos diz que Jesus foi para o deserto e jejuou. O jejum é uma prática quaresmal diferente que exploraremos, mas está relacionada a essa ideia de abstinência. Jesus se absteve de comer quando foi para o deserto: "Então Jesus foi levado pelo Espírito ao deserto, para ser tentado pelo Diabo. Depois de jejuar quarenta dias e quarenta noites, teve fome" (Mateus 4:1-2).

Ao abdicar de algo em nossa jornada para a Páscoa, nós nos identificamos com a abstinência do próprio Jesus no deserto. Reconhecemos que Jesus, embora fosse totalmente Deus, era também totalmente humano, com as mesmas necessidades físicas que nós temos. Recordamos Suas palavras na cruz: "Tenho sede" (João 19:28), um pungente lembrete de que Jesus não estava acima das angústias e dos sofrimentos humanos. E também, ao se tornar ser humano, Jesus se absteve das Suas vantagens como Deus e "esvaziou-se a si mesmo" (Filipenses 2:7).

Nós abdicamos de *cupcakes*. Isso é irrisório em comparação, contudo significativo à sua maneira. A nossa abstinência não tem a ver com o doce, e sim com a tentação. Na próxima vez em que virmos uma caixa de *cupcakes* fresquinhos com muita cobertura cremosa, nos sentiremos tentados. A nossa tentação em nada se parece com a que Jesus enfrentou, mas, talvez, no breve momento em que dizemos "não" a nós mesmos, nos conectamos com o nosso Senhor de maneira significativa.

A ideia de abstinência nas Escrituras nem sempre tem relação com comida e bebida. O texto de 1 Coríntios 7:5 trata da relação íntima dentro do casamento: "Não se recusem um ao outro, exceto por mútuo consentimento e durante certo tempo, para se dedicarem à oração".

O sentido mais amplo desse versículo é que a abstinência muda o foco da nossa vida para que, durante algum tempo, possamos focar melhor em nosso relacionamento com Deus.

Renunciar a algo da nossa agitação diária nos oferece mais tempo para estarmos com Deus, em presença e em oração. Em nosso mundo de mídias sociais, reuniões on-line e mensagens de texto, estamos constantemente distraídos. Seria interessante se nos abstivéssemos de uma parte dessas coisas e, em vez disso, enviássemos mensagens do nosso coração para Deus.

PREPARANDO O SEU CORAÇÃO PARA A PÁSCOA

Lembre-se de que abdicar de algo na época da Páscoa não tem a ver com você. Então, talvez você possa pensar em algo além de brócolis e *cupcakes*.

Pense seriamente em se abster, durante esta jornada até a cruz, como um ato de identificação com Jesus nas dificuldades e tentações que Ele enfrentou.

Encare a abstinência objetivando aumentar o tempo face a face com o seu Senhor. Abstenha-se de algo que, no lugar, dê a Ele mais espaço na sua vida. Como Eugene Peterson escreve: "Quando vocês saem de cena, há mais de Deus e do Seu governo" (Mateus 5:3 A Mensagem).

Senhor, ajuda-me a escolher algo substancial e significativo de que me abster neste período. Faze com que isso me lembre de como Tu te tornaste humano e se identifique comigo na minha vida diária.

> Poderíamos também pensar em abdicar de algo *doando* algo. Se olharmos pela casa, quanto do que possuímos apenas ocupa espaço? O que poderia ser doado a alguém que realmente possa precisar e usar?

4

Jejum

O jejum que desejo não é este: soltar as correntes da injustiça, desatar as cordas do jugo, pôr em liberdade os oprimidos e romper todo jugo? Não é partilhar sua comida com o faminto, abrigar o pobre desamparado, vestir o nu que você encontrou, e não recusar ajuda ao próximo?

Isaías 58:6-7

O jejum é uma prática cristã tradicional, mas é relevante para a nossa vida hoje.

Poderíamos pensar no jejum em termos de apetites e satisfações. Em nossa vida diária, comemos o que queremos, consumimos entretenimento como desejamos e nos entregamos às atividades que nos dão prazer. Satisfazemos os nossos apetites. A nossa vida se resume a nos alimentarmos... constantemente.

O jejum é a prática de negar a si mesmo. Ele vai contra essa cultura de consumo em que vivemos. Ao nos negarmos a nós mesmos durante algum tempo — comida, bebida, coisas, atividades, entretenimento —, nos posicionamos, declarando que algo diferente é o mais importante. Essa é uma radical declaração para o nosso mundo de que não estamos simplesmente seguindo as normas e de que escolhemos ser diferentes. De certa maneira, o jejum é a verdadeira guerra cultural.

Na Bíblia, as raízes do jejum remontam à observância anual do Dia da Expiação pelos israelitas. O sumo sacerdote efetuava uma série de sacrifícios de animais no tabernáculo (mais tarde, no templo) como pagamento pelos pecados do povo. As instruções em Levítico dizem: "...nesse dia se fará propiciação por vocês, para purificá-los. Então, perante o SENHOR, vocês estarão puros de todos os seus pecados" (16:30). O que se esperava que o povo fizesse? Não trabalhar naquele dia e abster-se de comer: "...será um sábado de descanso, quando vocês se humilharão..." (v.31).

A maioria dos estudiosos entende que a frase "se humilharão" envolve jejum, e essa tem sido a tradição judaica há séculos. Porém, a palavra hebraica é muito forte, frequentemente traduzida como "se afligirão". *Embora não sugira automutilação, é claramente uma ação de humilhação. Talvez a lógica seja algo semelhante a: Enquanto o sacerdote está efetuando um sacrifício no altar em seu nome, você precisa fazer algum sacrifício próprio, negando-se o prazer da comida durante um dia.*

Ao pensarmos em jejuar durante estes 40 dias — abdicar alguma coisa —, devemos considerar algo que não seja fácil, algo não tão casual, algo que realmente, bem, *doa* abdicar.

Isaías acrescenta mais uma ou duas questões à ideia do jejum: "O jejum que desejo não é [...] partilhar sua comida com o faminto, abrigar o pobre desamparado, vestir o nu que você encontrou, e não recusar ajuda ao próximo?" (Isaías 58:6-7).

O contexto para esse comentário de Deus está em um versículo anterior: "Contudo, no dia do seu jejum vocês fazem o que é do agrado de vocês e exploram os seus empregados" (v.3). Ao responder aos indignados grevistas da fome, Deus observou que eles estavam maltratando as pessoas ao seu redor. Poderiam eles realmente esperar que Deus honrasse os seus atos religiosos quando a vida deles estava cheia de violência e exploração?

Para o nosso jejum fazer diferença no mundo, ao implorarmos a Deus para corrigir os erros, precisamos ter certeza de que nós mesmos não somos agentes desses erros.

Além disso, a passagem sugere que, em última análise, o jejum não se trata de nós. Ao jejuar, devemos nos afastar do "eu" e do "mim". Nisso, estamos dizendo: "Eu posso viver sem isso. Talvez outra pessoa possa ficar com o que eu não estou usando".

PREPARANDO O SEU CORAÇÃO PARA A PÁSCOA

Ao jejuar durante esta jornada de 40 dias até a cruz, você experimenta um pouco da grande fome que muitos outros vivenciam durante o ano todo. De que maneira você pode "partilhar sua comida com o faminto" e "abrigar o pobre desamparado" (Isaías 58:7)? De que maneira você pode difundir o amor do Deus vivo para as pessoas ao seu redor?

Lamento

*Escuta, SENHOR, as minhas palavras,
considera o meu gemer. Atenta para o meu grito de socorro,
meu Rei e meu Deus, pois é a ti que imploro.*

Salmo 5:1-2

O lamento é uma arte que se perdeu.

Ele é uma *arte* porque, na Bíblia, o vemos com mais frequência na poesia dos Salmos e nos textos dos profetas. De fato, a palavra hebraica "lamento" (*qinah*) provém de uma palavra para cantar ou entoar (*qin*). Nas Escrituras, os lamentos das pessoas eram canções de tristeza ou de luto.

Essa arte foi *perdida* porque, com muita frequência, preferimos olhar o lado positivo. Mais de um século atrás, espalhou-se pelas igrejas um ensinamento acerca de "uma vida vitoriosa". Muitas pessoas aprenderam a esconder seus problemas porque, como você sabe, há "vitória em Jesus". Ainda hoje, existem vertentes desse ensinamento que promovem o sucesso e o bem-estar acima da dura verdade de nossa vida: "Se você expressa sua dor ou decepção, bem, isso demonstra falta de fé". É melhor fingir que está tudo bem.

Não se engane: é bom confiar positivamente em Deus para redimir as nossas situações, mas a Bíblia nos convida também a lamentar honestamente quando coisas ruins estão acontecendo. O padrão bíblico é apresentar esses clamores e queixas diretamente a Deus.

De certa maneira, o lamento é a arte bíblica de cantar as nossas tristezas para o nosso Senhor.

Deus aguenta. De fato, Ele acolhe nossa queixa. A Bíblia toda trata do desejo de Deus de ter um relacionamento conosco e de Sua abertura para ouvir as nossas dificuldades. "Escuta, SENHOR, as minhas palavras", canta Davi em tom de lamento (Salmo 5:1).

Existe um livro inteiro da Bíblia chamado Lamentações. Geralmente creditado a Jeremias, ele mostra o profeta vagando por uma Jerusalém em ruínas, clamando em doloroso lamento. Ele ecoa aquela icônica pintura de Edvard Munch, *O grito*, que retrata de maneira crua e gutural o desespero da vida.

O lamento é uma honestidade brutal acerca de nós e de Deus. O livro de Jeremias é repleto de lamentos muito honestos, quando o profeta responde a pessoas que não querem dar ouvido às suas advertências para se acertarem com Deus. Elas preferiam boas notícias (veja Isaías 30:10), mas Jeremias insistiu em que, somente pela prática do lamento, elas voltariam para Deus: "Suas cidades ficarão em ruínas e sem habitantes. Por isso, ponham vestes de lamento, chorem e gritem..." (Jeremias 4:7-8).

Muitos dos salmos são considerados lamentos (alguns estudiosos colocaram esse rótulo em 67 dos 150 salmos). E os salmistas não se contiveram, clamando acerca de injustiça no mundo, dor física, depressão, ameaças de inimigos e o fato de às vezes Deus parecer estar distante e não atender aos seus chamados.

Algo fascinante acontece em muitos desses salmos de lamento: o tom muda no fim. Após longas seções esbravejando com Deus, frequentemente os escritores decidem que confiar no Senhor é a melhor opção.

Por exemplo, o Salmo 42 (continuado no Salmo 43) nos dá uma estrutura de versículos e refrões que derrama diversas queixas devastadoras, mas sempre volta para descansar na bondade de Deus:

Por que você está assim tão triste, ó minha alma?
Por que está assim tão perturbada dentro de mim?
Ponha a sua esperança em Deus!
Pois ainda o louvarei;
ele é o meu Salvador e o meu Deus. (Salmo 42:11)

Diversos gêneros musicais (notadamente o *blues*) usam uma forma conhecida como pergunta-e-resposta. Ali, a letra do lamento assume a forma de perguntas (o chamado), e o fim é como que uma resposta de Deus.

Na jornada para a Páscoa, lamentamos, clamamos as nossas queixas, expressando como fomos tão injustiçados que temos vontade de gritar. Aqui, poderíamos ecoar as palavras de um lamento bíblico: "Meu Deus! Meu Deus! Por que me abandonaste?" — palavras do salmista recitadas por Jesus na cruz (Salmo 22:1).

Porém, algo engraçado acontece no balcão de reclamações: o nosso lamento se transforma em arrependimento. Davi escreve: "Pois eu mesmo reconheço as minhas transgressões, e o meu pecado sempre me persegue" (Salmo 51:3).

Tal como Davi, chegamos a esse ponto de reconhecer que somos parte do problema. Nós pecamos; necessitamos de redenção.

E é então, nessa dramática reviravolta de lamentos, que somos capazes de ver a cruz com novos olhos. As queixas que abrigamos em nossa vida diária são, frequentemente, resultado de nosso próprio pecado. As nossas lágrimas são enxugadas quando finalmente reconhecemos os nossos fracassos perante Deus. Através de olhos mais limpos, vemos que a cruz é a encruzilhada de tudo que há de errado no mundo e de tudo que é certo no perdão de Deus para o nosso pecado.

PREPARANDO O SEU CORAÇÃO PARA A PÁSCOA

Senhor Deus, tenho uma lista de reclamações: _____. Porém, sei que tudo começa comigo e, por isso, peço Teu perdão pelas diversas maneiras pelas quais pequei contra ti.

6

Oração

Das profundezas clamo a ti,
SENHOR; ouve, Senhor, a minha voz!
Salmo 130:1-2

Certa vez, Eugene Peterson escreveu: "A ação sem oração se reduz para algo meramente exterior. Uma vida sem oração pode resultar em ações eficazes e realizar coisas magníficas, mas, se não houver uma interioridade desenvolvida, a ação nunca entra na profundidade e complexidade dos relacionamentos".[1]

A preparação para a Páscoa é um período de ações espirituais — jejum, abnegação, doação, caminhar com Jesus. As nossas práticas devocionais só fazem sentido se forem saturadas de oração. Sem oração, os nossos preparativos para a Páscoa se tornarão superficiais e exteriores.

Faríamos bem em pensar neste momento especial como uma conversa prolongada e sincera com Deus durante 40 dias.

Alguns pais ensinam aos filhos sobre falar muito alto e falar baixo, como em "Por favor, não fale tão alto quando eu estou a meio metro de você, descansando no sofá".

De semelhante modo, podemos orar falando bem alto e também falando baixinho.

Vemos na Bíblia muitos exemplos de profetas, juízes e reis usando linguagem eloquente para se comunicarem com Deus em nome de seu povo. Essas eram orações públicas compartilhadas, provavelmente não entoadas em uníssono, e sim apresentadas, sentença por sentença, pelos indivíduos no recinto, para que os demais ouvissem.

Há lugar para isso. Porém, as nossas orações durante esta época de Páscoa podem precisar ser mais do tipo "baixinhas". A Bíblia nos permite escutar casualmente várias conversas pessoais, pessoas de fé falando intimamente com o Deus em quem elas confiavam. Ana implorou para ter um filho — "orava silenciosamente, seus lábios se mexiam, mas não se ouvia sua voz" (1 Samuel 1:13). Informado de que em breve morreria, o rei Ezequias "virou o rosto para a parede e orou ao Senhor", implorando que sua vida fosse prolongada (Isaías 38:2). O próprio Jesus, frequentemente, saía sozinho para orar (veja Marcos 1:35; 6:46), e vemos Sua paixão e Seu amor tão claramente expressos em Sua bela oração a Deus Pai logo antes de Sua crucificação (veja João 17).

Esses exemplos nos mostram pessoas em situação de desespero ou grande anseio, com suas orações procedendo do seu íntimo, sussurros, gemidos e grunhidos de confissão e anseio.

Quando é que em nossa vida falamos com Deus a partir do nosso próprio íntimo? Se não durante a nossa caminhada rumo à Páscoa, quando?

É claro que existem diferentes maneiras de orar.

Uma pode ser acompanhada de jejum ou abstinência. Substitua por oração as refeições que você está deixando de fazer. Ore a Deus naqueles momentos quando você anseia por aquilo de que está abdicando. Transforme seu anseio por algo físico em anseio por Deus.

Outra abordagem é "orar a Bíblia". Encontre uma passagem das Escrituras, leia-a uma vez para si mesmo e depois leia-a de novo, desta vez lentamente, concentrando-se em cada versículo. Numa terceira vez, leia cada versículo em voz alta, deixando as palavras se misturarem à sua própria oração a Deus. Ore a passagem segundo o que ela significa especificamente para você. Em seguida, leia a passagem novamente, desta vez pausando para ouvir — tente perceber como Deus fala com você por meio dela nesse momento muito particular.

Outra maneira de orar é usar a forma da Oração do Pai Nosso: "Pai nosso, que estás nos céus..." (veja Mateus 6:9-13). Ela é notável por sua simplicidade, contudo, você pode refletir sobre ela durante a vida toda. A Oração do Pai Nosso não é a única oração que você pode seguir, mas é um excelente ponto de partida para o período que antecede a Páscoa.

Se a Quaresma é uma jornada com Jesus, as orações são os sapatos que você calça.

PREPARANDO O SEU CORAÇÃO PARA A PÁSCOA

Faça com que este período seja saturado de oração. Entoe o hino "Que doce voz tem meu Senhor..." (Cantor Cristão 384). Faça da sua canção uma permanente oração a Ele.

Anda comigo hoje, Senhor.
Ouve a minha voz e ajuda-me a escutar a Tua.

7

Arrependimento

*Não tenho prazer na morte dos ímpios,
antes tenho prazer em que eles se desviem
dos seus caminhos e vivam.*

Ezequiel 33:11

Em uma imagem comum de desenho animado, um homem com cabelos e barba compridos está parado em uma esquina movimentada, com uma placa que diz: "Arrependam-se! O fim está próximo!".

Seja qual for o desfecho, há uma preocupante verdade nessa imagem. As pessoas seguem a vida correndo, ignorando o profeta que as avisa de um desastre iminente. Elas precisam urgentemente parar, analisar a situação e mudar os seus hábitos, antes que seja tarde demais. Porém, todos têm compromissos a cumprir: "Desculpe, tenho de almoçar com...".

O arrependimento é um tema importante da Bíblia e ecoa durante os 40 dias que antecedem a Páscoa. Pare, pondere, mude os seus hábitos. Tudo isso, de certa forma, se resume à palavra *arrependimento* — e não deve ser descartado por causa de um almoço de negócios.

Muitos dos profetas do Antigo Testamento clamaram por arrependimento. "Diga-lhes: Juro pela minha vida, palavra do Soberano, o SENHOR, que não tenho prazer na morte dos ímpios, antes tenho prazer em que eles se desviem dos seus caminhos e vivam. Voltem! Voltem-se dos seus maus caminhos!" (Ezequiel 33:11).

A palavra hebraica para "arrependimento" (*shuv*) também pode significar "retorno". A imagem usada repetidas vezes é esta: o povo de Deus se afastou de Deus e está seguindo o caminho errado. Eles precisam voltar atrás, retornar, arrepender-se. Oseias clama: "Volte, ó Israel, para o SENHOR, o seu Deus. Seus pecados causaram sua queda!" (14:1).

O Novo Testamento continua essa tradição com João Batista — que, provavelmente, se parecia muito com aquele profeta de rua do desenho animado — pregando: "Arrependam-se, pois o Reino dos céus está próximo" (Mateus 3:2). Ele batizava pessoas no rio Jordão em sinal de arrependimento. Jesus continuou a mesma tradição, com a mesma mensagem, ao iniciar o Seu ministério público (veja 4:17).

Isso também se tornou a chamada à ação pregada pelos primeiros apóstolos. Em seu discurso de Pentecostes, após os seguidores de Jesus receberem o Espírito Santo, Pedro disse ao povo judeu: "Arrependam-se, e cada um de vocês seja batizado em nome de Jesus Cristo para perdão dos seus pecados, e receberão o dom do Espírito Santo" (Atos 2:38).

No Novo Testamento, a palavra grega mais frequentemente usada para "arrependimento" é *metanoia*. Literalmente, ela significa uma mudança (*meta*) de mente (*nous*). Os gregos adoravam o processo do pensamento e, assim, com frequência enfatizavam os aspectos mentais da vida. Porém, sempre que vemos arrependimento no Novo Testamento, ele também carrega o sentido do hebraico, de uma conversão, uma mudança; não apenas uma nova maneira de pensar, mas uma nova maneira de viver.

Para nós, que somos salvos, é um pouco fácil demais papagaiar as palavras tão comuns "Jesus morreu pelos nossos pecados" e perder o foco. O apóstolo Paulo diz que Jesus "se entregou a si mesmo por nossos pecados a fim de nos resgatar" (Gálatas 1:4). Jesus renunciou a si mesmo. No grande esquema das coisas, era Ele ou nós. Jesus deu um passo à frente e, de modo que sequer conseguimos imaginar, tomou sobre si os nossos próprios pecados.

Sob essa luz, o que significa irmos à cruz sem verdadeiro arrependimento? Como podemos observar o real significado da Páscoa se continuamos a abrigar pecados secretos? Como pode a nossa falta de arrependimento — mudança de mente e coração — ser outra coisa senão desrespeito pelo nosso Senhor Jesus?

PREPARANDO O SEU CORAÇÃO PARA A PÁSCOA

Já faz algum tempo que você se arrependeu de algum pecado? Esta época de Páscoa é um bom momento para você voltar a fazer isso. Considere o arrependimento em termos de tristeza segundo Deus: não apenas o seu reconhecimento mental dos seus pecados, como também os sentimentos mais profundos de seu coração acerca do custo dos seus pecados para os outros e para Deus.

> *Pai, perdoa-me. Eu pequei e continuo*
> *a pecar repetidamente. Este é um momento*
> *para mudar os meus caminhos, ir até ti e pedir*
> *uma nova mente e um novo coração. Ajuda-me*
> *a ser a pessoa que Tu me criaste para ser.*

8

Coração

*"Ame o Senhor, o seu Deus de todo o seu coração,
de toda a sua alma e de todo o seu entendimento".
Este é o primeiro e maior mandamento.*

Mateus 22:37-38

Um político impiedoso foi levado às pressas ao hospital, devido a um ataque cardíaco. "Isso é chocante. Quem sabia que ele sequer tinha coração?", disse um comediante altas horas da noite.

A piada funciona porque a palavra *coração* se refere tanto ao órgão físico no nosso peito quanto ao nosso centro emocional. O mesmo acontece nos idiomas bíblicos. O hebraico *leb* e o grego *kardia* são entendidos física e emocionalmente e abrangem tudo que somos — o núcleo moral e espiritual do que significa ser humano.

Essas palavras são usadas cerca de mil vezes na Bíblia. A maioria das ocorrências descreve motivações, desejo, decisões ou caráter humanos; o *tudo* que nós somos.

O seu coração é quem você realmente é.

O coração é notório por abrigar motivações confusas, fingimento público e orgulho pessoal.

"O coração é mais enganoso que qualquer outra coisa e sua doença é incurável", queixou-se o profeta Jeremias. "Quem é capaz de compreendê-lo?" (Jeremias 17:9). O Senhor levou Samuel a rejeitar os irmãos mais fortes de Davi para o reinado por causa do coração deles: "...o homem vê a aparência, mas o SENHOR vê o coração" (1 Samuel 16:7).

O profeta Joel desafiou aqueles que estavam exibindo seu arrependimento: "Rasguem o coração e não as vestes" (Joel 2:13). Por meio de Isaías, o Senhor repreendeu alguns outros falsos adoradores: "Esse povo se aproxima de mim com a boca e me honra com os lábios, mas o seu coração está longe de mim" (Isaías 29:13).

Em diversos momentos da sua história, os israelitas endureceram o coração para com Deus. Certo profeta chamou o coração daquele povo de "duro como diamante" (Zacarias 7:12 ARA). Daniel descreveu a queda de um rei babilônico: "No entanto, quando o seu coração se tornou arrogante e endurecido por causa do orgulho, ele foi deposto de seu trono real e despojado da sua glória" (Daniel 5:20).

O coração é também a morada do amor.

Certamente, é por isso que o grande mandamento da lei judaica é "Ame o SENHOR, o seu Deus, de todo o seu coração, de toda a sua alma e de todas as suas forças" (Deuteronômio 6:5; veja Mateus 22:34-40).

Ao caminharmos com Jesus durante a época da Páscoa, faríamos bem em nos lembrar de que Deus deseja intimidade conosco em nosso coração. Chegar a um ponto de esclarecimento e purificação do nosso coração não é algo ditado pela lei, e sim uma oportunidade proporcionada pela graça. Não é um "ter de", e sim um "querer". Deus nos ama e quer caminhar conosco em comunhão íntima e amorosa. Por que não desejaríamos isso?

Ao caminharmos para a cruz, este é um bom momento para rever a saúde do nosso coração.

Talvez tenhamos nos afastado de Deus. A Bíblia aconselha: "Examinemos e coloquemos à prova os nossos caminhos e depois voltemos ao SENHOR" (Lamentações 3:40).

Talvez nutramos soberba espiritual: "Ninguém tenha de si mesmo um conceito mais elevado do que deve ter..." (Romanos 12:3).

Poderíamos considerar as palavras de Jesus como um modelo de como deveria ser a saúde do nosso coração. "Bem-aventurados os puros de coração..." (Mateus 5:8), disse Ele, talvez sugerindo aqueles cujas intenções são sinceras, não escondendo outras motivações. "Eu sou o SENHOR que sonda o coração e examina a mente..." (Jeremias 17:10).

Deus conhece o nosso coração. A questão é: nós o conhecemos?

PREPARANDO O SEU CORAÇÃO PARA A PÁSCOA

Como está o seu coração hoje? Este é um bom momento para considerar o amor do coração de Deus e responder a ele. Este é um bom momento para orar a Deus pedindo para Ele lhe "[dar] um coração novo e [pôr] um espírito novo em [você]" (Ezequiel 36:26). Esta época da Páscoa é um bom momento para você se aproximar de Deus com mais do que apenas um concordância intelectual, e sim com a confiança completa no Jesus ressurreto, que está no âmago de quem você é.

9

Meditar

*Como é feliz aquele que [...]
na lei do* SENHOR *[...] medita dia e noite.*

Salmo 1:1-2

Normalmente, pensamos em tempo devocional (ou tempo de meditação) como alguns minutos a sós com Deus no início de cada dia.

De certa maneira, a época da Páscoa é uma meditação constante, que dura 40 dias até a Semana Santa. Para você, poderá ainda se iniciar como uma prática matinal de um tempo de silêncio com Deus, mas deve ser uma prática contínua ao longo do seu dia.

Parece intimidador, mas pense assim: a jornada para a Páscoa é mais significativa quando estamos continuamente focados em Jesus.

Meditar é algo que, na Bíblia, Deus ordenou que Seu povo fizesse: "Não deixe de falar as palavras deste Livro da Lei e de meditar nelas de dia e de noite, para que você cumpra fielmente tudo o que nele está escrito. Só então os seus caminhos prosperarão e você será bem-sucedido" (Josué 1:8).

Essa era uma parte da incumbência de Deus a Josué, o novo líder dos israelitas após a morte de Moisés. Meditar na lei do Senhor também é mencionado no Salmo 1. A pessoa "feliz" encontra satisfação na Palavra de Deus e "medita" nela "de dia e de noite" (v.1-2).

Parece ótimo, mas muitos cristãos modernos se perguntam o que significa meditar e como fazê-lo.

A conhecida passagem do Salmo 1 fala de meditar na lei de Deus dia e noite. Já sabemos que o nosso "tempo devocional" envolve ler a Bíblia, mas poderíamos pegar outro fragmento, cheio de significado, da versão parafraseada A Mensagem: "...você vibra com a Palavra do Eterno, você rumina as Escrituras dia e noite" (v.2).

Meditar não é apenas ler as palavras de Deus, e sim envolver-se com elas profundamente, com sentimento e entusiasmo, absorvendo-as como se fossem verdadeiramente nosso pão de cada dia (veja Mateus 4:4).

Nesse salmo, a palavra hebraica para "meditar" (*hagah*) é usada também para leões rugindo (veja Isaías 31:4) e pombas chorando (veja Isaías 38:14). Isso sugere que, nas Escrituras, meditar envolvia uma leitura calma, mas não silenciosa.

As pessoas poderiam expressar as palavras para si mesmas e não para as outras. Alguns estudiosos pensam que o som *g* gutural em *hagah* torna a palavra um exemplo de onomatopeia — quando uma palavra soa como aquilo que ela significa (reproduzir a palavra *hagah* no fundo da garganta pode soar como o rugido de um leão).

No nosso tempo de meditação, não deveríamos ter medo de falar em voz alta. E poderíamos permitir que as nossas respostas a Deus e à Sua verdade venham do nosso íntimo, com os nossos gemidos internos e louvores soando na presença de Deus.

Thomas McKenzie escreve: "Ao olharmos para Jesus, somos encorajados a confessar as maneiras pelas quais o pregamos naquele madeiro. É claro que isso não é literal. Porém, se Cristo foi crucificado pelos nossos pecados, foram os nossos pecados (os males cometidos e as coisas boas deixadas por fazer) que, em parte, o colocaram lá. Essa é uma forma poderosa de meditação e especialmente adequada para este dia".[2]

Outra palavra hebraica, *siyah*, também traduzida como "meditar", parece assumir uma abordagem mais mental (e menos gutural). O extenso Salmo 119, em seus 176 versículos acerca das Escrituras, usa formas de *siyah* 8 vezes.

Também a encontramos no cântico de vitória de Débora: "Vocês, que cavalgam em brancos jumentos, que se assentam em ricos tapetes, que caminham pela estrada, considerem! Mais alto que a voz dos que distribuem água junto aos bebedouros, recitem-se os justos feitos do SENHOR..." (Juízes 5:10-11). Ela está pedindo ao povo que pare de se preocupar com a própria vida e considere (*siyah*) as grandes coisas que o Senhor fez.

Talvez essa seja a melhor orientação para nós em nossa vida acelerada. Não importa se rosnamos, gememos ou apenas ponderamos. Poderíamos parar por um minuto; desacelerar; prestar atenção especial ao que Deus está fazendo.

PREPARANDO O SEU CORAÇÃO PARA A PÁSCOA

Durante esta época da Páscoa, considere outras abordagens ao seu tempo devocional. Comece parando — libertando-se das ocupações. Permita-se envolver-se emocionalmente com as palavras das Escrituras. Fale em voz alta os seus pensamentos e as suas respostas. Deixe que os seus verdadeiros sentimentos venham à tona, talvez em rugidos, gemidos ou simplesmente em sussurros.

Venho a ti, Senhor, com voz baixa e ouvido atento.
Ajuda-me a ponderar as Tuas palavras ditas a mim.

10

Tristeza

*Bem-aventurados os que choram,
pois serão consolados.*

Mateus 5:4

Não muito tempo atrás, nosso pai ficou gravemente enfermo. Seu prognóstico era terrível, e o colocamos em uma clínica para pacientes terminais. É claro que esse tipo de clínica é uma forma de cuidado que aceita a inevitabilidade da morte, aliviando a dor e proporcionando conforto ao paciente. Durante uma semana, nossa família observou a longa morte de papai. Estávamos de luto antes de ele realmente falecer.

A jornada para a Páscoa é semelhante. Durante 40 dias, lamentamos a morte de Jesus, antes dela realmente acontecer, na Sexta-feira Santa, e ponderamos sobre a nossa própria morte espiritual, que tornou necessária a morte de Cristo.

―――

No jardim do Getsêmani, pouco antes de Sua prisão, Jesus disse aos Seus discípulos: "A minha alma está profundamente triste, numa tristeza mortal" (Mateus 26:38). Ali, a palavra grega é uma forma intensiva da palavra comum que significa tristeza. Poderíamos traduzir assim: "A tristeza está me envolvendo".

Não sabemos o que Jesus sentiu naquele momento, mas poderíamos supor que a Sua profunda tristeza não era apenas por Sua morte iminente, mas também pela razão pela qual Ele morreria. Provavelmente, Ele sentiu a destruição do mundo cercando-o, as nuvens sufocantes de pecado que se tornaram a razão do que Ele, mais tarde, realizou na cruz.

Assim, a nossa tristeza durante a época da Páscoa não diz respeito apenas à morte de Jesus, mas também à maneira como somos culpáveis por ela — a Sua morte foi necessária por causa do nosso pecado. Nisso, a nossa tristeza se torna mais profunda e agonizante, e clamamos a Deus por perdão.

Alguns cristãos se sentem pouco à vontade com a tristeza. Se perderam um ente querido, um relacionamento ou um sonho, é claro que ficam tristes com isso, mas depois se sentem mal por se sentirem tristes. Isso só piora as coisas. E os amigos são rápidos em animá-los, talvez até rápidos demais, afirmando que Deus quer que nos alegremos o tempo todo.

Frequentemente, as Escrituras observam um ciclo saudável de tristeza e consolo. Há "tempo de chorar e tempo de rir, tempo de prantear e tempo de dançar" (Eclesiastes 3:4). Como diz o salmista, "o choro pode persistir uma noite, mas de manhã irrompe a alegria" (Salmo 30:5).

Abraão lamentou a morte de Sara (veja Gênesis 23:2); Davi chorou pela doença fatal de seu filho recém-nascido (veja 2 Samuel 12:21); Jesus chorou no túmulo de Lázaro (veja João 11:35) — embora estivesse prestes a trazê-lo de volta à vida!

As Escrituras apresentam a tristeza como uma parte normal da vida e oferecem uma promessa a quem se permite sofrer — Jesus disse: "Bem-aventurados os que choram, pois serão consolados" (Mateus 5:4).

A tristeza é algo bom. É necessária. Não deveríamos nos sentir mal por nos sentirmos tristes.

Na Páscoa, os cristãos se alegram — com razão — na ressurreição de Cristo, mas muitos tendem a ignorar o que vem antes. Qualquer terapeuta nos diria que, embora não devamos viver em tristeza, também não devemos minimizá-la.

É uma bela ironia que a nossa inevitável morte espiritual seja revertida pela inevitável morte de Cristo no Calvário.

Durante este tempo de "cuidados paliativos" da Páscoa, faríamos bem em sentir a plena tristeza, em sentir profundamente esses significados da morte na irrevogável história de Deus e na nossa.

A nossa alegria na ressurreição é mais rica quando experimentamos verdadeiramente o pesar de tudo que tornou a cruz inevitável.

PREPARANDO O SEU CORAÇÃO PARA A PÁSCOA

Deus Pai, ajuda-me a sentir uma tristeza genuína. Ajuda-me a sentir tristeza nas profundezas do meu pecado e pela parte que desempenhei no terrível, embora glorioso, resultado de Jesus ser pregado na cruz.

11

Dar

*Vocês receberam de graça;
deem também de graça.*

Mateus 10:8

A época da Páscoa é, tradicionalmente, um momento para nos concentrarmos em três pilares da prática cristã: jejum (passar determinado tempo sem algo), oração (confissão e autorreflexão) e doação (doar algo aos outros).

Desses aspectos, durante a Quaresma, a doação tende a ser negligenciada.

"Porque Deus tanto amou o mundo que deu o seu Filho Unigênito, para que todo o que nele crer não pereça, mas tenha a vida eterna" (João 3:16).

Esse é, provavelmente, o versículo bíblico mais conhecido; ele constitui o cerne da história da Sexta-feira Santa e usa uma palavra muito comum em grego, português ou qualquer outro idioma: o verbo "dar".

Deus entregou Seu único Filho ao poder da morte para que as pessoas que Ele ama pudessem ter o poder da vida eterna.

Vemos aqui a economia espiritual baseada no aspecto da doação; ela é diferente de tudo que conhecemos. Deus não está vendendo coisa alguma a nós. Ele não alugou Jesus ao mundo. Ele não nos contrata para praticarmos boas ações em troca de um certo número de bênçãos. Ele dá.

"Pois o salário do pecado é a morte, mas o dom gratuito de Deus é a vida eterna em Cristo Jesus, nosso Senhor" (Romanos 6:23). A vida que temos em Jesus é um dom gratuito.

E, em gratidão, nós também nos tornamos doadores.

De fato, Jesus falou muito acerca do ato da doação.

Ele contou a uma mulher samaritana acerca da água viva que Ele dá (veja João 4:14).

"Eu sou o pão vivo que desceu do céu", disse Ele em outra ocasião (6:51). E, caso alguém tivesse perdido a analogia, Ele acrescentou: "Este pão é a minha carne, que eu darei pela vida do mundo".

Ele disse aos Seus discípulos: "Deixo a paz a vocês; a minha paz dou a vocês. Não a dou como o mundo a dá" (14:27).

Voltando ao tema de João 3:16, dar era fundamental para a missão de Jesus. "Pois nem mesmo o Filho do homem veio para ser servido, mas para servir e dar a sua vida em resgate por muitos" (Marcos 10:45; veja também 1 Timóteo 2:6).

Uma tendência recente na prática quaresmal é conectar a ideia de *abrir mão* de algo à ideia de *doar* algo aos outros.

Talvez o pão do qual você se abstém nesta estação seja, literalmente, o pão que você oferece aos que têm fome.

De fato, isso é mais do que apenas uma boa ideia. É o que somos ordenados a fazer como cristãos. Tiago nos exorta a "cuidar dos órfãos e das viúvas em suas dificuldades" (Tiago 1:27). Ao enviar um grupo de seguidores para servir à comunidade, Jesus disse: "Vocês receberam de graça; deem também de graça" (Mateus 10:8).

Essa é a economia divina voltada para o amor e a provisão. Ele quer que a incorporemos à nossa vida e nos apropriemos dela.

PREPARANDO O SEU CORAÇÃO PARA A PÁSCOA

Pense em maneiras pelas quais você possa, nesta época de Páscoa, conectar a sua própria abstinência ao ato de doar aos outros. De que maneira aquilo de que você está abrindo mão pode tornar-se aquilo que abençoará os outros?

> "Deus ama quem dá com alegria" (2 Coríntios 9:7). O contexto desse versículo discorre mais acerca das bênçãos que Deus nos dá, mas não é algo transacional. A palavra grega para "alegre" aqui é *hilaron*, origem da palavra *hilariante*. Embora, provavelmente, essa passagem não esteja descrevendo uma experiência de gargalhadas, há uma forte sensação de deleite ao doarmos aos outros a partir da generosidade que Deus nos concedeu.

12

Tentação

*Temos um sumo sacerdote que [...]
como nós, passou por todo tipo de tentação,
porém, sem pecado.*

Hebreus 4:15

Quando os tradutores da Bíblia encontram a palavra grega para "tentação" (*peirasmos*, ou a sua forma verbal *peirazo*), podem escolher entre vários significados em português. Em vez de "tentação", eles poderão chamá-la de "provação", ou dizer que alguém está sendo "testado".

Essa palavra aparece em João 6:5-6, onde Jesus pergunta a um discípulo: "Onde compraremos pão para esse povo comer?" A seguir, o texto acrescenta: "Fez essa pergunta apenas para pô-lo à prova [*peirazo*], pois já tinha em mente o que ia fazer". Jesus não estava tentando Filipe a ir roubar uma padaria, mas, provavelmente, estava imaginando se esse discípulo tinha alguma pista sobre a capacidade de Jesus de alimentar milhares de pessoas.

Vemos outro significado dessa palavra em Tiago 1:2: "considerem motivo de grande alegria o fato de passarem por diversas provações". Essa é a nossa palavra para "tentação", *peirasmos*.

Assim, em um contexto, a palavra grega sugere um teste, como um teste de múltipla escolha; e, em outro contexto, uma provação, uma dificuldade que poderemos ter de suportar.

Siga adiante na página e veja outro uso da palavra *peirasmos*: "Cada um, porém, é tentado pelo próprio mau desejo, sendo por este arrastado e seduzido" (Tiago 1:14). Aqui, *peirasmos* tem um peso maior e se refere, claramente, à tentação de pecar.

A Quaresma é um período que se identifica especificamente com a tentação de Jesus no deserto. Durante quarenta dias, percorremos uma jornada espiritual como Jesus percorreu, às vezes jejuando como Jesus jejuou, concentrando-nos em quem somos em relação a Deus, assim como Jesus fez.

Ao relatar esse acontecimento, o livro de Mateus usa a palavra *peirasmos* no sentido de "prova", e muitas traduções chamam isso de "prova de Jesus". Contudo, isso pode ser um certo eufemismo.

Sim, Satanás começa a interrogar Jesus como se fosse simplesmente um problema hipotético: "Se és o Filho de Deus, manda que estas pedras se transformem em pães" (Mateus 4:3). Porém, o "teste surpresa" fica cada vez mais difícil. "Se és o Filho de Deus, joga-te daqui para baixo", diz Satanás (v.6). E a pergunta final é mordaz: "Tudo isto te darei se te prostrares e me adorares" (v. 9). Nesse ponto, pareceria que o "teste" se torna algo mais — uma tentação.

Em Suas horas finais no Getsêmani, antes da Sua crucificação, Jesus fez o Seu "exame final". Ele ora ao Pai: "se for possível, afasta de mim este cálice" (Mateus 26:39). Nesses momentos e palavras está incluído um turbilhão de verdades teológicas — o relacionamento de Jesus com o Pai, o Seu propósito na Terra, a forma como a Sua divindade e humanidade coexistiam. Não conhecemos o significado mais completo da Sua oração, mas ficamos com a sensação de que Jesus ainda poderia ser reprovado no teste, tentado a evitar a agonia humana que estava por vir e a optar por não responder à pergunta que Ele viera à Terra para responder.

Se abordamos esse momento com a ideia de que a conclusão era inevitável, perdemos o seu sagrado drama, o risco cósmico que estava em jogo. A vida de Jesus, um ser humano e o Filho divino, deve ter sido cheia de tentações, com todo tipo de oportunidade para tropeçar e condenar a todos nós. Ela culmina ali no jardim do Getsêmani, e toda a criação prende a respiração enquanto Jesus dá a Sua resposta final: "contudo, não seja como eu quero, mas sim como tu queres" (v.39).

Ao abrir mão de algo durante esses quarenta dias, encaramos a tentação de frente. Nosso anseio humano pode ser insignificante em comparação com as tentações de Jesus na Terra, mas nos dá um gostinho delas. Nisso nos identificamos com Jesus, que, embora fosse o próprio Deus, também era plenamente humano como nós — e enfrentamos o significado mais pleno de *peirasmos*.

N. T. Wright observa que, como seguidores de Jesus, poderíamos muito bem *esperar* tentações: "O primeiro domingo da

Quaresma, quando tradicionalmente refletimos sobre as tentações de Jesus, é frequentemente um dia para refletir também sobre as nossas tentações. Qualquer pessoa que decida começar de novo e avançar com Jesus rumo ao desconhecido, quase certamente descobrirá que os testes, de um tipo ou de outro, aumentam dramaticamente".[3]

Então, nós *seremos* testados, mas, qualquer que seja a tentação que enfrentarmos, sabemos que Jesus passou por aquilo primeiro. O livro de Hebreus nos assegura de que Jesus "passou por todo tipo de tentação, porém, sem pecado" (4:15). E também: "tendo em vista o que ele mesmo sofreu quando tentado, ele é capaz de socorrer aqueles que também estão sendo tentados" (2:18).

Esta é uma época em que confrontamos as nossas lutas — e somos assegurados de que Jesus nos ajuda a passar por elas.

PREPARANDO O SEU CORAÇÃO PARA A PÁSCOA

Faça uma pequena lista das grandes tentações que você enfrenta. Quais são os maiores debates com Satanás em sua vida? Reveja o relato da tentação de Jesus no deserto e observe as Suas respostas a Satanás. Ao considerar as suas áreas de grande tentação, ecoe em oração as respostas de Jesus como se fossem suas.

Senhor Deus, peço que Tu me dês a determinação para resistir a _____.

13

Pecado

Deus tornou pecado por nós aquele que não tinha pecado, para que nele nos tornássemos justiça de Deus.

2 Coríntios 5:21

"Pecado é o que as outras pessoas fazem."
Essa é uma definição um tanto sarcástica, mas tem alguma procedência. Jesus chamou a atenção dos líderes religiosos da Sua cultura por terem essa atitude. Eles marginalizaram toda uma parte da sociedade como "pecadores" e criticaram Jesus por fazer amizade com eles (Lucas 5:30; 7:34). Enquanto isso, os seus próprios pecados de soberba, ganância e abuso espiritual eram bastante evidentes (Mateus 23).

Durante esta época de Páscoa, corrijamos essa definição. Pecado é o que nós fazemos. Estes 40 dias não são um momento para olhar em volta e apontar o dedo. Agora é o momento de olhar para o nosso interior e reconhecer como ferimos os outros, nós mesmos e a Deus.

Poderíamos pensar no pecado como uma *força* e uma *condição*. Antes de cometer o primeiro homicídio do mundo, um irado Caim recebeu um aviso de Deus: "o pecado o ameaça à porta; ele deseja conquistá-lo, mas você deve dominá-lo" (Gênesis 4:7). A *força* do pecado em nossa vida não deve ser subestimada.

Tiago poderia estar pensando na história de Caim quando escreveu "Cada um, porém, é tentado pelo próprio mau desejo, sendo por este arrastado e seduzido. Então esse desejo, tendo concebido, dá à luz o pecado, e o pecado, após ser consumado, gera a morte" (Tiago 1:14-15). Encontramos esse padrão sendo discutido em outras partes da Bíblia: nossa condição de desejo pecaminoso levando a atos pecaminosos, que resultam em um entorpecimento do nosso relacionamento com Deus (Efésios 2:1-3).

O objetivo de nos examinarmos enquanto caminhamos para a cruz não é uma revisão legalista dos nossos erros, algo como "Essas são as leis de Deus, e eu não respeitei os limites". O objetivo não é seguir meticulosamente as regras apenas por seguir. O desejo de Deus é um relacionamento conosco. Os pecados são aquelas coisas que nos separam dele, que entorpecem o nosso relacionamento com Ele.

A Bíblia deixa claro que Deus nos quer de volta. O Senhor fica entristecido pelo nosso pecado, irritado por ele e, ainda assim, oferece perdão consistentemente. O profeta Miqueias despeja: "Quem é comparável a ti, ó Deus, que perdoas o pecado e esqueces a transgressão[...]? Tu, que não permaneces irado para sempre, mas tens prazer em mostrar amor" (Miqueias 7:18).

Ao reconhecermos de maneira sóbria e plena o nosso pecado, poderemos nos lembrar da palavra "deleite". Deus quer deleitar-se em nós mais uma vez. Deus nos quer de volta.

PREPARANDO O SEU CORAÇÃO PARA A PÁSCOA

Faça da Páscoa um tempo em que você chegue a um acordo com Deus acerca do seu pecado. Durante esta época, reconheça como o seu pecado o separou dele. Concentre-se em Jesus, que "levou em seu corpo os nossos pecados sobre o madeiro, a fim de que morrêssemos para os pecados e vivêssemos para a justiça" (1 Pedro 2:24; veja Isaías 53:4-6). Pondere o que Paulo afirma poeticamente em 2 Coríntios 5:21 — "Deus tornou pecado por nós aquele que não tinha pecado, para que nele nos tornássemos justiça de Deus".

14

Limpo

Senhor, se quiseres, podes purificar-me!

Mateus 8:2

"A limpeza acompanha a santidade."
A frase costuma ser atribuída a John Wesley, que a usou em um sermão no século 18. Todavia, ele parece citá-la como um ditado popular já existente na época.

Alguns acreditam que, cerca de 150 anos antes, o filósofo Francis Bacon escreveu acerca da ideia expressa na frase — de que existe uma ligação entre a limpeza física de alguém e seu bem-estar espiritual.

O ditado em si não vem das Escrituras, mas a Bíblia tem muito a dizer acerca de limpeza. E ela é bem diferente do que entendemos significar "a limpeza acompanha a santidade".

Ao longo dos primeiros livros da Bíblia, ser "limpo" era imensamente importante e parecia ter dois propósitos.

Para os israelitas, as regras de limpeza eram estritamente definidas por motivos de saúde. Certos alimentos foram declarados impuros. Doenças tornariam alguém impuro, assim como efluxos corporais (como sangramento) ou tocar em um cadáver. O contato com itens usados na adoração de ídolos também contaminaria uma pessoa.

Porém, a limpeza era importante também na adoração a Deus. "Quem poderá entrar no seu Santo Lugar?" (Salmo 24:3), perguntou o salmista. "Aquele que tem as mãos limpas e o coração puro" (v.4). Pessoas impuras eram excluídas do tabernáculo ou do templo. Em alguns casos, eram exiladas da comunidade. A purificação poderia acontecer por meio de uma lavagem ritual ou do sangue de um animal sacrificial. Objetos impuros poderiam ser purificados com fogo.

Embora as restrições do Antigo Testamento em relação à limpeza pareçam duras aos leitores modernos, algumas delas também parecem... bem, modernas. Milhares de anos antes de os cientistas compreenderem a respeito dos germes, os antigos hebreus já praticavam a quarentena, segurança em relação ao contato com sangue e a preparação de alimentos saudáveis.

Jesus subverteu o entendimento comum de limpeza. Falando aos líderes judeus da época, Ele disse: "Vocês, fariseus, limpam o exterior do copo e do prato, mas interiormente estão cheios de ganância e de maldade" (Lucas 11:39).

Ele estava destacando que as pessoas religiosas assumiam aparência física de limpeza, mas, espiritualmente, seu interior era irremediavelmente sujo.

É claro que é Jesus quem proporciona a verdadeira limpeza espiritual. Como descreve o livro de Hebreus, "Ora, se o sangue de bodes e touros e as cinzas de uma novilha espalhadas sobre os que estão cerimonialmente impuros os santificam, de forma que se tornam exteriormente puros, quanto mais o sangue de Cristo, que pelo Espírito eterno se ofereceu de forma imaculada a Deus, purificará a nossa consciência de atos que levam à morte, para que sirvamos ao Deus vivo!" (9:13-14).

PREPARANDO O SEU CORAÇÃO PARA A PÁSCOA

Este tempo de Páscoa nos leva a reconhecer o nosso chamado impossível à sombra da cruz. Por mais que lavemos as mãos, continuamos impuros. Contudo, Deus quer que busquemos uma vida limpa, física e espiritualmente. A nossa esperança nessa busca impossível é: "Se, porém, andarmos na luz, como ele está na luz, temos comunhão uns com os outros, e o sangue de Jesus, seu Filho, nos purifica de todo pecado" (1 João 1:7). Peça a Deus para ajudá-lo a viver uma vida limpa.

Senhor Deus, às vezes eu me desespero
tentando viver uma vida aceitável a ti. Parece que,
a cada dia, assim que dou um passo, logo caio.
Ajuda-me, Senhor, a persistir, a lutar por
um coração verdadeiramente limpo, apesar dos meus
fracassos. Eu quero caminhar na Tua luz.

Jesus passou grande parte do Seu ministério terreno curando pessoas que sofriam de lepra. Um homem, "aproximando-se, adorou-o de joelhos e disse: 'Senhor, se quiseres, podes purificar-me!' Jesus estendeu a mão, tocou nele e disse: 'Quero. Seja purificado!' Imediatamente ele foi purificado da lepra" (Mateus 8:2-3).

Perceba um detalhe importante. Embora a lei do Antigo Testamento proibisse o contato físico entre um impuro e uma pessoa limpa, que a contaminaria, Jesus estendeu a mão e tocou a pessoa impura, transmitindo-lhe saúde.

15

Confessar

Aproximem-se de Deus, e ele se aproximará de vocês! Pecadores, limpem as mãos, e vocês, que têm a mente dividida, purifiquem o coração.

Tiago 4:8

Há uma tradicional oração de contrição que inicia assim: "Ó meu Deus, de coração lamento muito por haver ofendido a ti". Conta-se a história de que um menino vai confessar os seus pecados. Lembrando-se dessa oração, ele tenta recitá-la, mas fica um pouco confuso em uma parte importante: "Ó meu Deus, *não* lamento muito por haver ofendido a ti".

Nessa história pode haver tanto verdade quanto humor. Qualquer que seja a tradição da nossa igreja, por vezes a confissão de pecados se torna mecânica, e nós mesmos podemos confessar os nossos pecados de uma maneira mais para "não" do que "de coração".

─────

A Páscoa nos lembra de levar a sério a confissão. De fato, um espírito de confissão dá o tom para toda esta temporada. Ao caminharmos para a cruz, reconhecemos que Jesus sofreu por causa do nosso pecado. Embora nos regozijemos na salvação que Ele alcançou para nós, estamos dolorosamente conscientes de que foi pelo nosso pecado que Cristo teve de morrer.

Este é um tempo de total honestidade acerca de nós mesmos. É o nosso momento pessoal de ir a Jesus — literalmente. É um tempo de contrição genuína, proveniente das profundezas do nosso quebrantamento.

Aqui não há desculpas dúbias, nem dedo apontado para outra pessoa, nem "Eu fiz isso porque...". Aqui, nos aproximamos de Deus com total vergonha por nossos pecados. Aqui, nos lançamos à misericórdia do tribunal de Deus.

"Se confessarmos os nossos pecados, ele é fiel e justo para perdoar os nossos pecados e nos purificar de toda injustiça" (1 João 1:9). A Bíblia usa, frequentemente, imagens de tribunais para descrever as interações da humanidade com Deus, que pode desempenhar o papel de um promotor, de um juiz justo, mas misericordioso, ou (especialmente na pessoa de Jesus) de um advogado de defesa.

A palavra grega para "confessar" é um termo jurídico, assim como em português. As palavras gregas para "mesmo" e "falar" são combinadas para criar uma palavra que significa "dizer a mesma coisa" ou "concordar". No tribunal, um promotor diz: "Nós acreditamos que você cometeu esse crime. O que você diz?". Se você confessar, estará concordando com o promotor de que é culpado.

Dê uma olhada nos versículos adjacentes a 1 João 1:9. Esse poderia ser um roteiro da série de TV *Law & Order* (Lei e Ordem). Você poderia obstruir (estamos parafraseando), negar seus crimes, dizer que não pecou, mas estaria mentindo. De fato, você estaria chamando Deus de mentiroso. É isso que você realmente quer fazer, amigo? Porém, se você confessar, colocando-se à mercê do tribunal, o Juiz está pronto para perdoá-lo.

E veja só: o seu advogado designado pelo tribunal é o Filho do Juiz. Ele nunca perdeu uma causa!

Há, na Bíblia, outro sentido da palavra *confessar*. Nós não apenas confessamos os nossos pecados, mas confessamos também a verdade acerca de Deus. E nos juntamos a outros cristãos para fazê-lo (assim "dizendo a mesma coisa"). Esse é o sentido de Romanos 10:9 — "Se você confessar com a sua boca que Jesus é Senhor e crer em seu coração que Deus o ressuscitou dentre os mortos, será salvo".[4]

Confessar o pecado e confessar a obra salvadora de Deus andam de mãos dadas. Quando reconhecemos o nosso pecado, ele é "fiel [...] e [perdoará] os nossos pecados". Ele alivia o nosso fardo porque Jesus levou sobre si os nossos pecados na cruz.

A nossa resposta só pode ser de espanto diante da grandiosidade de Deus e do que Ele fez por nós.

PREPARANDO O SEU CORAÇÃO PARA A PÁSCOA

Eis quem eu realmente sou, Deus: _____.
Sem desculpas. Eu confesso: _____.
Eu reconheço a verdade de quem Tu és e desejo
que Tu sejas o Senhor da minha vida.
Toma-me e molda-me para os Teus propósitos.

16

Penitência

Repartam sua comida com os famintos, ofereçam abrigo a quem não tem casa, deem roupas aos que estão nus e não recusem ajuda ao próximo.

Isaías 58:7 NBV

A palavra *penitência* só aparece na Bíblia católica. Ela começou a ser usada em contextos eclesiásticos no século 14. E é ali que ela é comumente ouvida hoje — no sacramento católico da confissão, como um ato que um padre ordena a uma pessoa para demonstrar o seu arrependimento pelo pecado. A tradição ortodoxa e vários dos grupos protestantes mais litúrgicos também falam de penitência, embora as suas práticas difiram.

Porém, a penitência proporciona uma compreensão útil para todos nós. Ela liga duas coisas: o nosso profundo arrependimento pelo nosso pecado e o nosso reconhecimento público do pecado por meio de ajuda aos outros.

João Batista chegou ao cerne da questão. Semelhantemente a muitos pregadores de avivamento que se seguiram, ele atraiu muitos curiosos. Ao ver alguns dos líderes religiosos muito críticos em uma multidão, ele trovejou: "Deem fruto que mostre o arrependimento!" (Mateus 3:8).

Não, ele não estava pedindo uvas ou figos para abastecer a despensa de alimentos de seu ministério. Ele queria que as pessoas agissem de um modo que provasse que estavam arrependidas de seus pecados e que queriam viver melhor. Ele disse: "Quem tem duas túnicas dê uma a quem não tem nenhuma; e quem tem comida faça o mesmo" (Lucas 3:11). Então, talvez as uvas e os figos fossem uma boa ideia, afinal.

A penitência é isso — uma expressão social de arrependimento genuíno pelo pecado cometido.

Isaías também aborda isso: "'Será esse o jejum que escolhi, que apenas um dia o homem se humilhe [isto é, penitencie], incline a cabeça como o junco e se deite sobre pano de saco e cinzas? É isso que vocês chamam jejum, um dia aceitável ao SENHOR?" (Isaías 58:5). Os nossos atos religiosos ostensivos de confissão são vazios se não nos custam algo real. "O jejum que desejo não é este: [...] partilhar sua comida com o faminto...?" (vv.6-7).

Esse é um dos grandes temas da Páscoa. A nossa abnegação pelo jejuar e pela abstenção não é apenas uma expressão pessoal, mas deve ser também uma expressão social — não para exibição, mas provinda sinceramente de um coração profundamente arrependido pelo pecado cometido.

Às vezes, ouvimos falar de penitência em um contexto psicológico não religioso que leva a uma compreensão errada. Quando se sentem culpadas por alguma coisa, as pessoas podem realizar algum ato de caridade: "Sei que errei aqui, então estou doando dinheiro para aquela organização ali". Elas presumem que, de alguma maneira, a boa ação "paga" pelo pecado.

Penitência não é isso. Martinho Lutero esclarece: "Porque obras não eliminam o pecado, e sim a eliminação do pecado produz boas obras".[5] Como sinal da nossa sincera tristeza pelo pecado, oferecemos um ato de penitência — "fruto que mostre o arrependimento" — não para ganhar o perdão de Deus, mas em resposta a ele.

PREPARANDO O SEU CORAÇÃO PARA A PÁSCOA

As semanas que antecedem a Sexta-feira Santa são um tempo para refletir sobre os seus próprios pecados, que Jesus pagou com Seu sofrimento e morte. Considere maneiras pelas quais você possa expressar o seu arrependimento e o seu compromisso com Cristo ajudando outras pessoas. Atos de penitência não lhe dão coisa alguma, mas mostram o verdadeiro desejo do seu coração.

Senhor, eis o que quero fazer para ajudar alguém: _____. Eu ofereço isso sem buscar atenção, sabendo que isso em si não é a minha salvação. Que seja um símbolo silencioso da tristeza pelo meu pecado.

Um dos grandes exemplos literários de penitência se encontra no romance clássico *Os miseráveis*, de Victor Hugo (você deve conhecer o filme). Jean Valjean, um homem pobre, recebe abrigo de um bispo gentil, mas, no meio da noite, tenta fugir com a prata do bispo — e é pego. Surpreendentemente, o bispo o perdoa e até lhe dá mais prata, e o exorta a usá-la para bons propósitos. Jean faz exatamente isso, construindo um negócio que emprega necessitados e realizando outros atos de caridade. Essa foi a sua penitência: não pagar pelo seu crime, e sim demonstrar o seu compromisso de viver para Deus.

17

Festejar

*Por isso, celebremos a festa, não com
o fermento velho nem com o fermento da maldade
e da perversidade, mas com os pães sem fermento,
os pães da sinceridade e da verdade.*

1 Coríntios 5:8

Se você é um bom cozinheiro — ou apenas gosta de comida —, poderá querer fazer um estudo do Novo Testamento contando quantos banquetes, festas e refeições são mencionados. Desde o primeiro milagre de Jesus, em uma festa de casamento (veja João 2:1-11), até a visão de João da futura festa do casamento do Cordeiro (veja Apocalipse 19:9), momentos importantes ocorrem com comida à volta de uma mesa.

A palavra-chave é *importante*. Nas culturas antigas, as festas eram ocasiões para recordar, homenagear e celebrar importantes eventos passados. Na nossa cultura atual, porém, a ideia de um banquete se perdeu, e o ato de comer é, frequentemente, apenas uma ocasião de consumir *fast-food*, solitária e não compartilhada.

Nos tempos bíblicos, os israelitas realizavam uma festa semanal em seus lares, a refeição do sábado, com certas orações e rituais observados, porque o dia de descanso deles começava ao pôr do sol da sexta-feira. É provável que o culto cristão primitivo tenha se desenvolvido a partir dessa festa do sábado (muitos gentios tiveram o primeiro vislumbre de uma refeição de sábado judaica no musical *Um violinista no telhado*).

Todas as primaveras, os judeus celebram a Páscoa com uma festa conhecida como *seder*. Essa refeição é repleta de significado, seguindo uma ordem prescrita que comemora a passagem dos israelitas da escravidão para a liberdade (veja Êxodo 12).

Para os cristãos, a Última Ceia, originalmente um *seder* de Páscoa, é certamente a mais importante das festas, quando Jesus ensinou Seus discípulos e os preparou para a Sua morte. Essa refeição, é claro, é novamente encenada por cristãos do mundo todo em qualquer domingo, no ato da comunhão.

Aí também entra a observância da Quaresma. A nossa caminhada com Jesus durante esses quarenta dias nos leva à Última Ceia. Após um período de jejum e abnegação, somos convidados para uma festa. O momento é comovente: a nossa alegria de comer novamente é temperada pela tristeza do que está por vir.

Sentamo-nos com Ele e Seus discípulos enquanto Ele pega o pão e diz "Tomem e comam; isto é o meu corpo" (Mateus 26:26). Um cálice é passado de um a um de nós. Jesus diz "Bebam dele todos vocês" (v.27). Estamos cientes de estarmos participando de algo imensamente importante, algo simbólico e misterioso, algo profundamente espiritual, que nos une ao próprio Cristo. Jesus diz: "Isto é o meu sangue da aliança, que é derramado em favor de muitos, para perdão de pecados" (v.28).

PREPARANDO O SEU CORAÇÃO PARA A PÁSCOA

Quando você for participar da comunhão, pense no jejum e na festa como parte de uma longa história da obra de Deus, eventos importantes que conduzem você ao longo da Quaresma, até a Semana Santa e, finalmente, a participar da morte e ressurreição de Jesus.

Senhor, agradeço a ti por me incluíres na festa da comunhão contigo.

Em várias ocasiões, Jesus comparou o reino de Deus a um banquete ou uma festa (veja Lucas 14). E por que não? Nós nos reunimos, alegre e generosamente, para celebrar o grande amor do Senhor. Porém, Jesus desafiou especificamente os sistemas de *status* que existiam, e ainda existem, em tais ocasiões sociais. Não tome o lugar de honra, disse Ele. Em vez disso, "ocupe o lugar menos importante, de forma que, quando vier aquele que o convidou, diga: 'Amigo, passe para um lugar mais importante'" (v.10). A festa de Deus é um lugar de graça.

18

Carne

*Pois a carne deseja o que é contrário
ao Espírito; o Espírito, o que é contrário à carne.*

Gálatas 5:17

Ao encontrar Seus três discípulos mais próximos cochilando enquanto Ele orava no jardim do Getsêmani, Jesus os instou para que vigiassem e orassem a fim de evitar a tentação. "O espírito está pronto, mas a carne é fraca" (Mateus 26:41).

Essas palavras bem conhecidas podem vir à mente quando você estiver tentando abrir mão de doces na Quaresma e seu vizinho aparecer com uma caixa de doces. Era disso que Jesus estava falando?

Mais ou menos isso.

Usadas centenas de vezes, as palavras bíblicas para "carne" fazem uma viagem fascinante ao longo dos dois Testamentos, mas sempre se conectam com a fisicalidade. A palavra hebraica *basar* pode referir-se a carne animal, mas costuma denotar o corpo humano. Como no português moderno, "carne e sangue" pode indicar um vínculo familiar.

Frequentemente, "carne" representa toda a raça humana. Ao descrever como Deus preparará o caminho para o Seu povo retornar do cativeiro babilônico, Isaías diz: "toda a carne a verá" (Isaías 40:5 ARA). Às vezes, a ênfase está na fraqueza humana; às vezes, na qualidade temporária da existência humana. Em um refrão acerca da misericórdia de Deus, o salmista diz: "Lembra-se de que eles são carne, vento que passa e já não volta" (Salmo 78:39 ARA).

No Novo Testamento, a palavra grega *sarx* aborda o mesmo tema. O quarto evangelho anuncia que a Palavra de Deus, o *logos* eterno, "tornou-se carne e viveu entre nós" (João 1:14) – Jesus, Deus encarnado.

Porém, o apóstolo Paulo dá ao termo um significado especial, empregando-o para descrever uma luta espiritual que todos nós enfrentamos. "Pois a carne deseja o que é contrário ao Espírito; e o Espírito, o que é contrário à carne. Eles estão em conflito um com o outro, de modo que vocês não fazem o que desejam" (Gálatas 5:17).

Os comentários de Paulo são fáceis de ser mal-interpretados. E isso tem tudo a ver com a maneira como abordamos o período da Páscoa.

Poderíamos pensar que Paulo está dizendo que tudo que é físico é ruim, então deveríamos negar nossos corpos e buscarmos ser seres totalmente espirituais. Isso não só é impossível, como também vai contra muito do que a Bíblia diz em outros lugares.

Lendo com atenção, vemos que Paulo está falando de controle. Que força controla o que você faz com o seu corpo?

Você deixará o Espírito de Deus guiá-lo ou seguirá os seus próprios desejos físicos? O nosso corpo não é ruim, mas, se apenas alimentarmos os nossos desejos físicos por comida, prazer, vingança, sexo, fuga ou qualquer outra coisa — sem o controle do Espírito —, isso será um desastre.

Para evitar esse mal-entendido, algumas versões modernas da Bíblia traduzem *sarx* como "desejo pecaminoso". Poderíamos chamá-lo de desejo humano desenfreado e contrastá-lo com o Espírito de Deus guiando as nossas ações físicas.

Faremos bem em lembrar que o próprio Deus se tornou carne na pessoa de Jesus Cristo. O próprio Deus conhece as lutas do ser humano. De fato, essas lutas físicas se tornam o nosso chamado espiritual. Como escreveu Oswald Chambers: "A vida cristã é uma vida de determinação e coragem espiritual vivida em nossa carne".[6]

Ao negarmos a nossa carne de uma maneira simples durante a Páscoa, confessamos ao nosso Deus que, muito frequentemente, somos movidos por desejos e prazeres físicos. Nesse pequeno ato, prometemos que estamos dispostos a negar a nossa carne em prol de um foco mais elevado, assim como o próprio Jesus submeteu os Seus desejos à vontade do Pai quando orou no jardim, antes da Sua crucificação.

PREPARANDO O SEU CORAÇÃO PARA A PÁSCOA

Deus Pai, posso contar as maneiras pelas quais a minha carne, os meus desejos físicos, assumem com demasiada facilidade o controle da minha vida. Dá-me o controle desses desejos desenfreados para que eu possa me concentrar mais em ti.

19
Domínio próprio

*Pois Deus não nos deu espírito de covardia,
mas de poder, de amor e de equilíbrio.*

2 Timóteo 1:7

A época da Páscoa é, como vimos, um momento para nos examinarmos nas questões do pecado, da carne e da tentação. Muito disso é abrangido por um termo que aparece frequentemente nas Escrituras — domínio próprio.

Algumas versões da Bíblia traduzem a palavra como "equilíbrio" ou "moderação", que adquiriu sentido e sensibilidade vitorianos — a importância de sermos adequados e contidos, atendo-nos aos limites.

Se nos aprofundarmos nas Escrituras, encontraremos um contexto mais amplo para compreender o que significa, com mais precisão, o termo domínio próprio.

Os filósofos gregos amavam escrever acerca das qualidades de uma pessoa boa. Assim, não surpreende existirem diversas palavras gregas diferentes para a qualidade a que chamamos domínio próprio. Sócrates, Platão e filósofos estoicos posteriores valorizaram a capacidade de controlar as paixões humanas. Não deixe os seus caprichos comandarem a sua vida, diriam eles.

Eles cunharam a palavra *enkrateia* — poder interior (a raiz *krat* continua presente em palavras como *autocrata*, aquele que governa sozinho. Uma pessoa com *enkrateia* governa a sua própria vida interior).

Esse termo é usado em algumas listas de virtudes no Novo Testamento, incluindo o fruto do Espírito (conforme Gálatas 5:22-23; veja também 2 Pedro 1:6). É interessante Paulo haver usado o termo em sua defesa perante o governador romano Félix: "Paulo se pôs a discorrer acerca da justiça, do domínio próprio e do juízo vindouro" (Atos 24:25).

Sophron é outra palavra para domínio próprio, usada tanto por filósofos gregos quanto por apóstolos. Aqui, a ênfase está em uma mente saudável, equilibrada e sã. Paulo usa essa palavra ao descrever a nossa resposta à graça de Deus, que "nos ensina a renunciar à impiedade e às paixões mundanas e a viver de maneira sensata [*sophronos*], justa e piedosa nesta era presente" (Tito 2:12).

Ao processar isso, coloque-se na mente dos filósofos gregos. Eles viam pessoas enlouquecidas pela raiva, luxúria ou orgulho (vários dos grandes mitos gregos contam essas histórias). Devido a essas paixões, as pessoas perdiam o controle de si mesmas. Ou, pelo menos, perdiam a consciência do mundo ao seu redor. Assim, os filósofos exortavam os seus alunos a governar a própria mente, manter um equilíbrio são, permanecer alertas e sóbrios. Os melhores cidadãos das cidades-estados tinham domínio próprio.

Agora, avancemos para os escritores do Novo Testamento. A língua hebraica não tinha, realmente, uma palavra para domínio próprio, mas essa cultura sabia muito acerca de sabedoria. E o movimento de Jesus estava descobrindo a sabedoria e a orientação do Espírito de Deus. Assim, parece que os primeiros cristãos tomaram emprestado esse poderoso conceito grego de controle de si como um argumento chave para disseminar a sua fé: "Você quer criar bons cidadãos com autocontrole? Isso é difícil, mas quando nos rendemos ao Espírito de Deus, essa qualidade cresce dentro de nós, como um fruto".

Assim, as referências ao domínio próprio no Novo Testamento pretendiam enfatizar às culturas grega e romana que os cristãos eram cidadãos responsáveis, com autodomínio interior e sabedoria especial.

A ideia não é, como às vezes fazemos com que "domínio próprio" seja, tornarmo-nos mansos e indefinidos, simplesmente vivendo dentro dos limites aceitos. Os cristãos devem ser cidadãos distintivos e poderosos na nossa cultura. Isso não significa que precisemos homogeneizar as nossas personalidades para que todos ajamos da mesma maneira.

Durante este período de Páscoa, essa compreensão pode lançar nova luz sobre as questões do pecado, da carne e da tentação. Faremos bem em considerar o seguinte versículo: "Pois Deus não nos deu espírito de covardia, mas de poder, de amor e de equilíbrio [sophronismou]" (2 Timóteo 1:7).

A Bíblia retrata a nossa vida cristã em termos da caminhada de Jesus até à cruz, Sua crucificação: "Os que pertencem a

Cristo Jesus crucificaram a carne, com as suas paixões e os seus desejos" (Gálatas 5:24). Assim como Cristo morreu por nós, somos chamados a "morrer para nós mesmos", a pôr de lado os nossos desejos pessoais e a nos tornar, para o mundo, exemplos radiantes do poder transformador de Cristo na vida das pessoas.

PREPARANDO O SEU CORAÇÃO PARA A PÁSCOA

Senhor Deus, eu sei que, se não conseguir dominar a mim mesmo, não terei influência no meu mundo. Confesso que tenho dificuldade de domínio próprio em uma área específica da minha vida. Ajuda-me, Senhor, a lidar com isso.

20

Humildade

Derrubou governantes dos seus tronos,
mas exaltou os humildes.

Lucas 1:52

Vamos observar algo divertido em certas palavras: em vez de corrermos para o grego ou o hebraico, consideremos o português por um instante. Há um fascinante conjunto de palavras em português que pode nos ensinar algo importante.

Nós, *humanos*, fomos feitos do solo da terra, o *húmus*. Quando percebemos que a nossa identidade vem do pó, só pode se despertar em nós a *humildade* (e, como não nos levamos demasiadamente a sério, toda essa situação é *humorística*).

Essas derivações de palavras são interessantes porque são verdadeiras. Deus realmente nos fez do pó (veja Gênesis 2:7). Além disso, estamos perdidos em pecado, destruídos e sem esperança. Se alguma vez tivemos motivos para ter um conceito excessivamente elevado de nós mesmos, a época da Páscoa nos leva a descer alguns degraus.

Poderíamos pensar em humildade como uma profunda consciência de que não somos autossuficientes. Thomas McKenzie escreve: "A sensação de que não preciso de ninguém, de que estou bem assim como estou sob meu próprio poder, é soberba. [...] Se alguém olhar honestamente para si mesmo, verá muitos defeitos, imperfeições, pecados e até males. Humildade é admitir essa realidade e reconhecer que precisamos de ajuda".[7]

As práticas quaresmais são práticas de humildade: abnegação, confissão de pecados, abstinência, jejum. O uso de cinzas, já carregado de significado, ecoa o húmus de que somos feitos.

Ironicamente, aprendemos o máximo acerca de humildade com o modelo do próprio Jesus.

Veja Filipenses 2:6-11, em que Paulo desafia os leitores a cultivarem uma atitude humilde. Ele resume a história de Jesus, que não se apegou à Sua posição divina, mas humilhou-se e se fez humano — e, ainda mais, entregou Sua vida e morreu na cruz como um criminoso. Porque Ele se humilhou, Deus o exaltou, elevando-o a uma posição de eterna honra.

Em Seu ministério, Jesus descreveu a si mesmo como "manso e humilde de coração" (Mateus 11:29). Usando Seu termo favorito (e bastante humilde) para si mesmo, Ele disse: "Pois nem mesmo o Filho do homem veio para ser servido, mas para servir e dar a sua vida em resgate por muitos" (Marcos 10:45). Ao chegar o momento de Sua entrada triunfal em Jerusalém, Ele não montou um cavalo de guerra, e sim um jumento (veja Zacarias 9:9).

De todas as pessoas que viveram na Terra, Jesus era quem tinha todos os motivos para ostentar o Seu valor, a Sua importância. Ele fez o oposto. No Seu exemplo, poderíamos pensar no nosso próprio desejo de parecer importantes — e abandoná-lo.

Ao nos humilharmos durante esta jornada para a Páscoa, nos deparamos com um dos últimos atos de Jesus na Terra: quando Seus discípulos se reuniram para uma de suas últimas refeições juntos, Jesus pegou uma toalha e uma bacia com água e lhes lavou os pés — a tarefa do servo de posição mais inferior em uma casa. "Pois bem, se eu, sendo Senhor e Mestre de vocês, lavei os seus pés, vocês também devem lavar os pés uns dos outros" (João 13:14).

As ironias são abundantes: o Salvador do mundo se humilha para lavar os pés daqueles que são feitos do pó. Nós, que somos pecadores de barro, somos amados por Aquele que não tinha pecado. Nós, que não somos dignos de amor, somos de fato Seus amados (veja Jeremias 31:3).

Francamente, isso gera humildade em nós.

PREPARANDO O SEU CORAÇÃO PARA A PÁSCOA

Para você, talvez o desafio da humildade não esteja ligado a gabar-se em público ou apresentar-se com soberba. Talvez seja simplesmente uma tendência de afirmar a sua autossuficiência.

Pense nos momentos desta última semana, ou mês, em que você decidiu seguir sozinho, dispensar ajuda de outras pessoas em determinada tarefa, transmitir a ideia de que não precisa de ninguém. De que maneira essas escolhas podem ser vistas pelos outros como frutos de soberba? Agora, pense em como você faz o mesmo com Deus — tentando seguir em frente sozinho, sem a Sua presença. Peça-lhe agora para ajudá-lo a ver essas instâncias de autossuficiência como falta de humildade. Ore para que Ele opere para transformar o seu coração nesses pontos.

21

Santo

Sejam santos, porque eu sou santo.
1 Pedro 1:16

Não deveria ser surpreendente a Bíblia Sagrada usar muito a palavra *santo*. A palavra é usada mais de quinhentas vezes. Faz sentido: a Bíblia é a história de Deus, e Deus, por definição, é santo — o Santo.

Porém, quando o apóstolo Pedro nos chama a sermos santos como Deus, isso se torna preocupante. Para nós, sermos santos como Deus é difícil. Na verdade, impossível.

Mesmo assim, muitas pessoas tentam, tornando essa instrução algo que não era para ser. Buscamos ser santos por meio de listas legalistas, práticas piedosas e perfeita frequência à igreja. Para alguns, torna-se uma obsessão tentar fazer tudo "certo".

Em nossa preparação para a Páscoa, somos confrontados com este problema, que é, de fato, uma profunda verdade e também uma pergunta — Deus é santo, nós não somos; então, o que devemos fazer a respeito?

"Não há ninguém santo como o SENHOR" — orou Ana (1 Samuel 2:2). Não que precisemos ser lembrados, mas Deus é diferente de nós. Especial, ímpar, superior, além do imaginável. Em uma escala de santidade de um a dez, Deus é onze.

Poderíamos relembrar o versículo onde Deus diz: "os meus pensamentos são muito diferentes dos seus; a minha maneira de agir é muito diferente da sua" (Isaías 55:8 NBV). Isso é Deus deixando claro como Ele é diferente, em um nível totalmente distinto de nós.

É interessante o fato de as Escrituras frequentemente usarem imagens de Deus que retratam a Sua proximidade conosco. Ele é o Grande Pastor e nós somos Suas ovelhas. Ele é a Videira e nós somos os ramos. Ele é o Oleiro e nós somos o barro. Essas imagens enfatizam que Deus é semelhante a nós. De fato, Jesus é Deus em forma humana — precisamente com o propósito de ser "um de nós" (veja Mateus 1:23).

Os teólogos usam dois termos para descrever esses aspectos de Deus. Um termo é *imanência* — como Deus pode ser conhecido por nós como seres humanos, como podemos nos conectar a Ele. O outro termo é *transcendência* — como Deus é separado da criação e totalmente outro — como Ele é santo. Como diz Tim Keller: "Deus é transcendentemente único".[8]

Ao afirmar que Deus é santo (veja 1 Pedro 1:16), Pedro está nos lembrando de que Deus é transcendente, distinto, assim como no templo dos israelitas Ele ficava separado do povo por um véu em uma parte conhecida como Santo dos Santos.

Nós poderíamos preferir aquelas imagens íntimas e amorosas de Deus — por exemplo, como Ele é o nosso Grande Pastor. Contudo, a Sua verdadeira santidade é que é a base de toda a história de Deus e de nós. Poderíamos desejar que Deus não desse tanta importância ao nosso pecado, mas agir de outra maneira o tornaria menos do que santo.

Deus é santo, nós não somos; contudo, somos chamados a ser santos como Ele.

Sem dúvida, identificamo-nos com Isaías, que relata como foi chamado por Deus. Começa com serafins proclamando: "Santo, santo, santo é o SENHOR dos Exércitos" (Isaías 6:3). Isaías se torna profundamente consciente da sua própria falta de santidade: "Ai de mim! Estou perdido! Pois sou um homem de lábios impuros e vivo no meio de um povo de lábios impuros; os meus olhos viram o Rei, o SENHOR dos Exércitos!" (v.5).

Assim como Isaías, no nosso íntimo, nós *sabemos*. Sabemos que somos almas impuras, pecadoras e sujas. Na presença de um Deus santo, nos tornamos conscientes de nossas próprias falhas e debilidade.

Deus é santo, e nós não. Estamos distantes dele. Esse é o problema.

É claro que a cruz é a solução, certo? Por meio de Cristo, os nossos pecados são removidos e nos tornamos "brancos como a neve" (Isaías 1:18). Como o serafim anunciou no relato de Isaías: "a sua culpa será removida, e o seu pecado será perdoado" (6:7). Pedro diz: "ponham toda a esperança na graça que será dada a vocês quando Jesus Cristo for revelado" (1 Pedro 1:13).

Essa é a conexão pascal: como Jesus, a cruz e a ressurreição nos unem a um Deus santo.

Às vezes, em nossa história de salvação pessoal, esquecemos de como Jesus construiu uma ponte na enorme separação entre o Deus santo e a nossa própria humanidade conturbada. Às vezes, ao saltarmos para a manhã de Páscoa, esquecemos de como o véu do templo que nos separava do Santo dos Santos foi rasgado em dois.

Talvez seja na nossa preparação para a Páscoa, durante este período de Quaresma, que vivamos na maravilha da transcendência *e* imanência de Deus, maravilhando-nos por poder, de alguma maneira, ser especiais para o Deus do Universo, embalados nos braços do Grande Pastor.

Ainda há a questão de como vivemos *agora*. A admoestação de Pedro — "Sejam santos, porque eu sou santo" (1 Pedro 1:16) — permanece ali, parecendo nos chamar a uma perfeição impossível.

Talvez simplesmente devamos lutar com esse versículo, retornando a ele com humildade repetidas vezes, lembrando-nos de quão grande é o nosso Deus. Pode ser que, ao reconhecermos a transcendência de Deus, encontremos maior segurança na Sua sabedoria e na Sua soberania sobre as nossas circunstâncias.

E também pode ser que Pedro esteja nos chamando não ao perfeccionismo, e sim a sermos diferentes assim como Deus é diferente, separado do mundo. Pedro acrescenta: "não se deixem amoldar pelos maus desejos de outrora, quando viviam na ignorância. Mas, assim como é santo aquele que os chamou, sejam santos vocês também em tudo o que fizerem" (vv.14-15).

Pedro está nos dizendo para buscarmos uma vida que agrade a Deus, que caminhe fielmente com Ele a cada dia, que se alimente de Sua força e sabedoria ao longo das provações e circunstâncias que enfrentamos na vida.

PREPARANDO O SEU CORAÇÃO PARA A PÁSCOA

Deus Santo, ajuda-me a distanciar-me do mundo e da cultura do pecado. Ajuda-me a alimentar-me da Tua força para viver em santidade. Ajuda-me a buscar a ti em todos os aspectos da minha vida.

22

Julgamento

*...o mundo todo esteja
sob o juízo de Deus.*

Romanos 3:19

Atualmente, em toda a nossa volta, pessoas estão julgando as outras. As redes sociais prosperam com constantes ataques humilhantes, programas de entrevistas criticam aqueles de quem discordam, e até mesmo nossos vizinhos usam linguagem crítica. Vivemos em uma cultura de julgamento.

Ao mesmo tempo, o único versículo da Bíblia que algumas pessoas conhecem é Mateus 7:1 — "Não julguem, para que vocês não sejam julgados".

É absurdo as pessoas tentarem "consertar" as outras quando elas mesmas precisam de conserto. Parafraseando a fala de Jesus, isso é como ir ao pronto-socorro com um cisco no olho, e o oftalmologista aparecer com uma grande viga no próprio olho (até parece um roteiro de vídeo do *TikTok*).

Durante a autorreflexão nesta época de Páscoa, sejamos honestos com nós mesmos acerca das vigas em nossos próprios olhos.

Os dois primeiros capítulos de Romanos abordam isso. Paulo presume que os seus leitores legalistas judeus aplaudirão enquanto ele critica a idolatria e a decadência do mundo não judaico, mas daí ele vira a mesa. "Portanto, você, que julga os outros é indesculpável; pois está condenando você mesmo naquilo em que julga, visto que você, que julga, pratica as mesmas coisas" (Romanos 2:1).

Com isso em mente, façamo-nos a mesma pergunta: vivemos na mesma hipocrisia?

O Antigo Testamento é uma novela com pessoas que se afastam de Deus, sendo julgadas por sua rebelião e se arrependendo... durante algum tempo. Os salmistas e profetas lamentam o fato de as pessoas más escaparem impunes de homicídios, mas há consolo no pensamento de que Deus acabará por julgar o mau comportamento delas. Até mesmo o Novo Testamento fala de um julgamento futuro por parte de Deus. Paulo escreve sobre o "dia em que Deus julgar os segredos dos homens, mediante Jesus Cristo" (Romanos 2:16).

O julgamento pertence a Deus.

Felizmente, o julgamento de Deus não é o fim da história. Se continuarmos a ler o livro de Romanos, descobriremos que está escrito com todas as letras: "Mas Deus demonstra seu amor por nós: Cristo morreu em nosso favor quando ainda éramos pecadores" (5:8). O julgamento de Deus sobre o pecado é contrabalançado pela Sua dádiva da vida eterna por intermédio de Cristo (veja v.16). Jesus cumpriu a profecia do Antigo Testamento — "o castigo que nos trouxe a paz estava sobre ele" (Isaías 53:5).

Foi isso o que aconteceu na cruz.

Fechando o círculo, não faz sentido julgarmos os outros quando percebemos que também somos pecadores, merecedores do julgamento de Deus por causa de nossos pecados, mas poupados pelo amoroso sacrifício de Jesus.

Isso significa que não nos importamos com o que é certo ou errado? Não! Queremos agradar a Deus mais do que nunca, mas tratamos uns aos outros com um amor semelhante ao de Jesus, em vez de condená-los.

Como disse Paulo: "deixemos de julgar uns aos outros. Em vez disso, façamos o propósito de não pôr pedra de tropeço ou obstáculo no caminho do irmão" (Romanos 14:13).

PREPARANDO O SEU CORAÇÃO PARA A PÁSCOA

Hoje, faça uma experiência: em todos os seus pensamentos e interações, pare quando perceber que está julgando os outros. Naquele momento, ore para Deus remover a sua atitude de julgamento e agradeça a Ele por salvá-lo do julgamento que você merece.

Senhor, oro para que Tu me faças parar quando eu começar a julgar os outros. Lembra-me do Teu amor e perdão, e ajuda-me a refleti-los para as pessoas com quem tenho dificuldades em me relacionar.

23

Batismo

*Ou vocês não sabem que todos nós,
que fomos batizados em Cristo Jesus,
fomos batizados em sua morte?*

Romanos 6:3

Esta época que antecede a Páscoa tem uma associação lógica com o batismo. Os quarenta dias de Jesus no deserto, o período que inspira a Quaresma, começaram com o batismo de Jesus no rio Jordão. E, frequentemente, o Domingo de Páscoa é celebrado com a observância de batismos: "Diversas denominações protestantes também realizam batismos na Páscoa, vendo-a como um momento significativo para expressar a nova vida do convertido".[9]

É claro que as opiniões diferem quanto à forma e natureza do batismo. Este breve devocional não se aprofundará nessas questões, mas poderá nos ajudar a compreender um pouco melhor a Páscoa.

Em grego, o verbo *baptizo* e o substantivo *baptismos* provêm da palavra simples *bapto*, que significa "mergulhar". Ouvimos essa palavra na Última Ceia, quando Jesus menciona o traidor mergulhando a mão em uma tigela (veja Mateus 26:23; Rute 2:14 traz um uso semelhante na Septuaginta).

Porém, é claro que formas dessa palavra saltam à nossa vista logo no início dos quatro evangelhos, com a história de João Batista (isto é, o João que mergulha ou submerge alguém). As pessoas afluíam ao rio para serem batizadas por ele. E não eram férias à beira-mar. Claramente, aquilo tinha um profundo significado espiritual.

Os judeus já tinham um ritual de lavagem, o *micvê*. Eles ainda o fazem como parte de um processo de confissão ou conversão. A água representa a maneira como Deus purifica a alma de uma pessoa em resposta a um arrependimento sincero. E era isso que João estava pregando, exortando as pessoas a se arrependerem dos seus pecados.

João pareceu chocado quando Jesus se apresentou para ser batizado (veja Mateus 3:14). Parece chocante ainda hoje. Por que o Cordeiro de Deus sem pecado precisou passar por um ritual de arrependimento? Porém, quando Jesus saiu da água, o Espírito pousou sobre Ele na forma de uma pomba, e uma voz do Céu indicou a aprovação de Jesus por Deus.

Vemos, então, que nas Escrituras o batismo carrega o sentido de lavar, limpar e purificar. Isso faz parte da nossa caminhada com Jesus rumo à Semana Santa, um desejo de sermos limpos e renovados.

Há outro ângulo bíblico acerca do batismo: dois de Seus discípulos, Tiago e João, pedem a Jesus um lugar especial em Seu reino futuro (veja Marcos 10:37). Jesus responde dizendo que eles não sabem o que estão pedindo: "Podem vocês beber o cálice que eu estou bebendo ou ser batizados com o batismo com que estou sendo batizado?" (v.38).

A linguagem usada aqui sugere que "o cálice" se refere a sofrimento, e o batismo pode simbolizar morte. De certa maneira, Jesus está se referindo a um "batismo de fogo", perguntando se Tiago e João estão dispostos a ser esmagados por aquilo pelo que Jesus passará.

Os primeiros cristãos adotaram esse tema do batismo quando enfrentaram a oposição assassina do Império Romano. Eles falavam sobre o martírio como uma espécie de batismo e iam voluntariamente para a morte a serviço do seu amado Senhor.

Como Paulo explicou: "Portanto, fomos sepultados com ele na morte por meio do batismo, a fim de que, assim como Cristo foi ressuscitado dos mortos mediante a glória do Pai, também nós vivamos uma vida nova" (Romanos 6:4; veja Colossenses 2:12, 1 Pedro 3:21).

Esse é, então, o nosso desafio na Páscoa: Estamos preparados para beber do cálice e ser batizados com o batismo que Jesus recebeu?

PREPARANDO O SEU CORAÇÃO PARA A PÁSCOA

Senhor Jesus, agradeço a ti pela nova vida que o batismo representa. Ajuda-me a perceber como o batismo reflete o sofrimento que Tu suportaste por mim.

A versão grega do Antigo Testamento, a Septuaginta, também descreve o capitão leproso Naamã mergulhando no rio Jordão por ordem de Eliseu, usando uma forma da palavra *bapto* (veja 2 Reis 5:14).

24

Negar

Respondeu Jesus: "Asseguro que ainda hoje, esta noite, antes que duas vezes cante o galo, três vezes você me negará."

Marcos 14:30

Mesmo com todas as suas camadas e dimensões, a Quaresma está, mais provavelmente, associada à palavra *negar*. Nós negamos a nós mesmos algum prazer terreno para que possamos nos concentrar melhor em Jesus e na cruz. Falamos em negar a nós mesmos *cupcakes* ou mídias sociais para passarmos mais tempo com o nosso Senhor.

Há, porém, outro aspecto da palavra *negar* que é uma grande bomba em meio à história da Páscoa. Trata-se do relato de Pedro negando Jesus.

Em termos de mídia de massa, esse evento receberia uma cobertura surpreendente. Certamente, ele ficaria entre os "mais lidos", não apenas por Pedro ter feito o que fez, mas também por ter sido predito por Jesus. Ele tem todos os elementos de uma história eletrizante.

Todas as principais fontes — Mateus, Marcos, Lucas, João — o transmitiram. Todos eles relataram tanto a predição quanto a negação. E João, sempre buscando o panorama geral, narra com ternura a restauração de Pedro — o seu posterior regresso à graça, uma oportunidade de professar o seu amor por Jesus após a Sua ressurreição.

Considerando-se que Pedro foi um dos principais líderes da igreja primitiva, é notável essa história receber tanta atenção. Poderíamos pensar que as autoridades da Igreja prefeririam reprimir essa história para proteger a reputação de Pedro. Porém, seja como for, a história permanece. Pensarmos nela ajuda a estabelecer a veracidade dos relatos do evangelho. Se eles estivessem apenas inventando isso, não retratariam seu destemido líder como alguém mais... destemido?

Segundo a tradição, Pedro foi a principal fonte do evangelho de Marcos; então, parabéns a ele por compartilhar essa cena vergonhosa. Mateus e Lucas copiaram o escrito de Marcos, mas João escreveu mais tarde com um propósito singular — explorar o caráter de Jesus. Não surpreende o fato de João usar essa história e fazer um acréscimo que revela a natureza perdoadora do Salvador.

Frequentemente, pensamos na palavra *negar* ligada a declarações de fato ou ficção. Nós negamos que algo seja verdade. Dizemos que aquilo nunca aconteceu, que é uma ideia falsa.

(dessa maneira, *negar* é o oposto de *confessar*, com seu significado básico de concordância).

A negação de Pedro inclui esse sentido da palavra. Os espectadores sugeriram que ele era um seguidor de Jesus e ele negou a veracidade daquela afirmação. Porém, a palavra grega (*arneomai*) é usada não somente para ideias e conceitos, mas também para pessoas. Quando você nega uma *pessoa*, não apenas uma ideia, você contesta qualquer ligação com aquela pessoa. Em termos modernos, é como remover ou bloquear uma pessoa da sua lista de contatos. Foi assim que Jesus se expressou a Pedro ao prever o evento: "três vezes você me negará" (Marcos 14:30).

O verdadeiro peso de *arneomai* é: Pedro renegou Jesus.

Antes de julgarmos Pedro com demasiada severidade, poderíamos tentar nos colocar no lugar dele.

Essa ideia de negar ou renegar o Senhor se tornou muito importante para a igreja primitiva, porque ela enfrentava perseguições. Negar Jesus poderia salvar a sua vida física temporal, mas colocaria em perigo a sua vida eterna.

Muitos de nós vivemos em lugares que permitem uma relativa liberdade de professar Jesus. Alguns cristãos, porém, vivem em culturas nas quais mencionar o nome de Jesus lhes poderia custar a vida. O que você faria em tal situação?

Ainda assim, a presente lição é mais do que isso. E se a resposta de Pedro fosse simplesmente não responder? E se ele houvesse permanecido em silêncio? Isso também teria sido uma negação de Jesus? Podemos facilmente imaginar Pedro mais tarde, hesitando e reclamando dos detalhes técnicos: "Ora, veja, eu nunca *disse* que não o conhecia".

Com que frequência negamos a nossa fé em Jesus Cristo ao permanecermos em silêncio?

João é quem fornece um belo relato da restauração de Pedro. Jesus pergunta a Pedro: "você me ama...?". Pedro diz "...Sim, Senhor, tu sabes que te amo...". E Jesus responde "...Cuide dos meus cordeiros" (João 21:15).

Isso é, geralmente, considerado como Jesus expressando confiança em Pedro para cuidar do rebanho de cristãos que Jesus logo deixaria para trás. É um terno exemplo de Jesus perdoando Pedro por sua negação anterior.

Ele perdoa também a nós.

PREPARANDO O SEU CORAÇÃO PARA A PÁSCOA

Nesta época de Páscoa, considere a sua própria profissão de fé em Jesus. Ele é uma parte secreta da sua vida ou os outros sabem que você o segue?

25

Perdoar

*Perdoa as nossas dívidas, assim
como perdoamos aos nossos devedores.*

Mateus 6:12

Talvez a coisa mais chocante já dita seja que um homem, enquanto estava sendo crucificado, olhou para os Seus algozes e orou: "Pai, perdoa-lhes, pois não sabem o que estão fazendo" (Lucas 23:34).

A maioria de nós está familiarizada com as últimas palavras ditas na cruz, coletadas dos quatro evangelhos. Já ouvimos tantos sermões mencionando-as, que poderíamos pregá-las nós mesmos. Porém, não deixe a familiaridade gerar negligência. Em Sua primeira declaração na cruz, Jesus disse algo surpreendente, pedindo perdão para aqueles que estavam prestes a matá-lo.

É ainda mais surpreendente quando reconhecemos que a Sua morte foi o modo como Deus os perdoaria. Jesus estava morrendo pelos pecados deles. E pelos nossos.

―――

No Novo Testamento, o perdão se move tanto vertical quanto horizontalmente. Isto é, Deus nos perdoa, mas também espera de nós que perdoemos os outros. Na Oração do Pai

Nosso, as duas coisas estão ligadas: "Perdoa-nos os nossos pecados, pois também perdoamos a todos os que nos devem" (Lucas 11:4).

O perdão começa com uma profunda consciência do nosso próprio pecado. Keith Potter escreve: "Estamos sempre subestimando a seriedade do pecado e de seus efeitos, tornando-nos diferentes de Deus e inadequados à boa comunhão com Ele. Os nossos esforços para perdoar a nós mesmos e aos outros também serão fracos e vazios se não entendermos de que maneira a graça de Deus nos cobre tão totalmente por intermédio de Jesus Cristo, tornando-nos justos aos olhos de Deus e aptos à boa comunhão com Ele".[10]

Somente quando entendemos profundamente o perdão de Deus para os nossos pecados é que o nosso perdão para os outros assume real significado e profundidade.

Certa vez, Pedro perguntou a Jesus quantas vezes ele deveria perdoar alguém. Sempre o discípulo determinado a ser melhor do que todos os outros, Pedro disse: "Até sete vezes?" (Mateus 18:21). Jesus o superou, dizendo "setenta vezes sete" (v.22) — essencialmente, uma quantidade infinita. Em outras palavras, o importante não é quantas vezes você perdoa alguém, e sim a profundidade e a extensão do seu perdão. Não é um número, Pedro. O perdão precisa ser ilimitado.

A época da Páscoa é um tempo de perdoar os outros à luz de como Deus nos perdoou por meio da cruz. Não se trata de removermos um item na nossa lista de tarefas, e sim de nos reconciliarmos de maneira ponderada, sob oração e de maneira intencional com quem nos prejudicou, até mesmo atrozmente. Afinal, foi isso o que Cristo fez por nós.

Como Paulo escreveu: "Suportem-se uns aos outros e perdoem as queixas que tiverem uns contra os outros. Perdoem como o Senhor perdoou a vocês" (Colossenses 3:13).

PREPARANDO O SEU CORAÇÃO PARA A PÁSCOA

Senhor Deus, há em minha vida uma pessoa que me magoou tão profundamente que me parece impossível perdoá-la. Sei que Tu me perdoaste por algumas coisas terríveis. Ajuda-me a estender essa graça a essa pessoa que me ofendeu.

26

Deserto

A minha alma tem sede de ti!
Todo o meu ser anseia por ti, numa
terra seca, exausta e sem água.

Salmo 63:1

Talvez você tenha feito caminhadas ou acampado em um "deserto" arborizado. Nesse caso, você seria perdoado por pensar que os israelitas vagavam por um deserto com árvores frondosas e riachos murmurantes. Não foi assim. Eles atravessaram um deserto. Embora houvesse bolsões de terra habitável — Moisés já havia cuidado de ovelhas na região —, grande parte do terreno era seco e estéril.

Às vezes, passamos por períodos de vida que parecem desolados. Tudo é uma sombria mesmice. Sentimo-nos desgastados pelos problemas da vida.

O período da Quaresma é um reconhecimento de que, às vezes, vivemos no deserto. Podemos estar familiarizados com a frase cativante de S. M. Lockridge: "É sexta-feira, mas o domingo está chegando!" — é verdade; entretanto, neste momento, ainda é Sexta-Feira Santa para nós.

Ronald Rolheiser escreve: "A Quaresma nos convida a parar de comer, por assim dizer, tudo aquilo que nos protege de ter de enfrentar o deserto que está em nosso interior. Ela nos convida a sentir a nossa pequenez, a sentir a nossa vulnerabilidade, a sentir os nossos medos e a nos abrir ao caos do deserto, para que possamos, finalmente, conceder aos anjos uma oportunidade de nos alimentar".[11]

Faríamos bem em abordar o nosso deserto de maneira diferente. Este é um momento de prova, de nos lembrar do quão desesperadamente inadequados nós somos, de nos tornar conscientes da nossa profunda necessidade de Deus.

Talvez precisemos abraçar o nosso deserto interior.

Uma pessoa de quem podemos aprender é Moisés. Len Woods escreve: "Alguém observou que Moisés passou seus primeiros quarenta anos no palácio real pensando que era alguém, seus próximos quarenta anos nos desertos de Midiã percebendo que era ninguém, e seus últimos quarenta anos vendo o que o Deus Todo-poderoso pode fazer por meio de um ninguém que lhe obedece".[12]

Para Moisés e os israelitas, a questão era "por quê?". Por que a nossa jornada pelo deserto é necessária?

A Bíblia explica: "Lembrem-se de como o SENHOR, o seu Deus, os conduziu por todo o caminho no deserto, durante estes quarenta anos, para humilhá-los e pô-los à prova [...] Saibam, pois, em seu coração que, assim como um homem disciplina o seu filho, da mesma forma o SENHOR, o seu Deus, os disciplina" (Deuteronômio 8:2,5).

É simplesmente humano querer fugir das trevas que atualmente nos envolvem, mas devemos estar conscientes de que o deserto em que nos encontramos pode ser obra de Deus na nossa vida. Ter a língua ressecada nos deixa sedentos por Deus.

―※※※―

A Quaresma é um minideserto de quarenta dias, no qual experimentamos um toque da sequidão. Contudo, ela aponta para uma Páscoa de esperança.

Nós somos como as pessoas do início do século primeiro, cansadas e ressequidas, secas como pó. Ouvimos a voz retumbante de João Batista "pregando no deserto da Judeia" (Mateus 3:1), chamando ao arrependimento e também anunciando a iminente chegada de Jesus. Esse é o primeiro sinal da esperança.

Como diz Scott Cairns: "Mesmo na secura da nossa jornada pelo deserto, nos é oferecido um sabor duradouro da doce Água Viva. Mesmo em meio às trevas, conseguimos uma centelha de luz".[13]

Poderíamos, então, recordar as palavras de Isaías profetizando a vinda de Cristo: "Transformarei o deserto num lago e o chão ressequido em mananciais" (Isaías 41:18). Essa é apenas uma das várias profecias do Antigo Testamento acerca de o deserto ser transformado e renovado.

Deus pode transformar o seu deserto também.

PREPARANDO O SEU CORAÇÃO PARA A PÁSCOA

Talvez o deserto em que você se encontra venha acompanhado de silêncio. Talvez nesse silêncio você possa ouvir melhor Deus o chamando. Talvez você possa ouvir a Sua voz aconselhando-o para o Seu grande propósito. O que esse deserto lhe ensina?

Senhor Deus, ajuda-me a escutar no silêncio.

> O hebraico do Antigo Testamento tem duas palavras para deserto, *midbar* e *arabah*, mas há pouca distinção de significado. *Arabah* é um substantivo comum, mas também usado como nome próprio para a fenda desolada que continua ao sul do Mar Morto — a Arabá. O grego do Novo Testamento usa a palavra *eremos* quase exclusivamente para descrever o deserto. Ela carrega a ideia de "lugar isolado" (N.T.: esta é a origem da palavra ermo, no português).

27

Conversão

*Vocês [...] se voltaram para Deus,
deixando os ídolos a fim de servir
ao Deus vivo e verdadeiro.*

1 Tessalonicenses 1:9

Nós tendemos a pensar na conversão como um momento em que alguém abandona uma antiga religião, ou talvez o ateísmo, e decide tornar-se cristão. No caso do apóstolo Paulo, esse foi um evento dramático na estrada de Damasco. No caso de Chuck Colson, advogado envolvido no escândalo Watergate, foi um momento em um carro à noite, quando, tocado pelo testemunho cristão de um amigo, ele clamou por Jesus.

Nós, com razão, ficamos empolgados com histórias de conversão como essas. Porém, e se pensássemos na conversão de uma maneira diferente, que não fosse um momento único no tempo, e sim uma série de momentos ao longo da nossa vida?

As palavras *conversão* e *converter* provêm de raiz latina *vertere*, isto é, "virar" ou "mudar". Uma *advert*ência chama a sua atenção para algo. Quando você re*verte*, volta para trás. Um texto estrangeiro reescrito em outra língua pode ser chamado de *vers*ão. Geralmente, o prefixo *con-* tem o sentido de "com" ou "junto"; assim, podemos dizer que a *con*versão é uma virada ou mudança para estar junto com alguém, ou talvez com alguma crença. Se antes você era contrário, agora você está unido àquilo.

A conversão é frequentemente incorporada na frase "voltar-se para Deus". E isso levanta a questão: "Voltar-se para Deus a partir de quê?".

A resposta aparece nas primeiras linhas da primeira carta de Paulo à igreja de Tessalônica, uma cidade no litoral grego. Ele disse que as pessoas estavam falando sobre essa igreja. "Eles mesmos relatam de que maneira vocês [...] se voltaram para Deus, deixando os ídolos a fim de servir ao Deus vivo e verdadeiro" (1 Tessalonicenses 1:9).

Se pensarmos na conversão dessa maneira, como um afastamento dos ídolos em direção ao verdadeiro Deus, isso nos leva a refletir sobre os ídolos que abrigamos em nossa própria vida.

Poderíamos nos lembrar de uma melodia do musical *Godspell* (N.T.: *Se arrepender*, na versão brasileira do musical). Em tradução livre, a letra começa assim: "Volte, ó homem, renuncie aos seus caminhos tolos".

Na verdade, a canção foi escrita em 1916 pelo poeta inglês Clifford Bax como um apelo queixoso às nações envolvidas na Primeira Guerra Mundial:

Era após Era, seus trágicos
impérios se erguem,
construídos enquanto eles sonham,
e nesse sonho, choram:
Será que o homem acordaria
do seu sono assombrado?

E essa letra de 1916 é derivada da profecia de Ezequiel — "Voltem! Voltem-se dos seus maus caminhos!" (Ezequiel 33:11).

※

Durante este período de Páscoa, não pensemos na conversão apenas como aquele momento no passado em que fomos salvos. É claro que a obra gloriosa de Jesus na cruz já nos salvou de uma vez por todas. Porém, consideremos humildemente a nossa atual necessidade de conversão constante.

Consideremos os nossos próprios caminhos tolos. Vejamos os ídolos que mantemos em segredo em nossa vida. Faríamos bem em atender ao chamado de confessar os nossos pecados e voltarmos a Deus.

PREPARANDO O SEU CORAÇÃO PARA A PÁSCOA

Senhor Deus, confesso a ti que venho guardando ídolos em minha vida. Sei que entreguei a minha vida a ti e Tu me salvaste. Porém, sei também que continuo a pecar e preciso abandonar esses maus caminhos e converter a minha vida, mais uma vez, em Tua direção.

28

Sacrifício

*...se ofereçam em sacrifício vivo,
santo e agradável a Deus;
este é o culto racional de vocês.*

Romanos 12:1

O jogo de beisebol[14] está perdendo silenciosamente uma de suas melhores jogadas: a batida sacrificial. Com um corredor já na primeira ou segunda base, o rebatedor opta por não dar um golpe completo na bola e, em vez disso, faz um contato suave, empurrando a bola para o gramado interno. Este rebatedor é quase certamente eliminado na primeira base, mas seu colega corredor avança uma base e tem maior probabilidade de marcar um ponto se o próximo rebatedor acertar.

Este sacrifício ainda é permitido pelas regras do esporte, mas ninguém mais o faz. Os analistas de estatísticas decretaram que a jogada é muito arriscada. A eliminação vale mais do que a base.

Toda a ideia de sacrifício pode estar perdendo força também na sociedade em geral. Abrir mão de algo para ajudar outra pessoa? Bem, vamos analisar as estatísticas e ver se isso realmente contribui para o bem maior.

O sacrifício poderia ser *o* tema principal da Bíblia. A lei de Moisés estabeleceu um elaborado sistema sacrificial; os profetas se queixaram de que os sacrifícios eram feitos com motivos impuros; então, Jesus se tornou o sacrifício perfeito de Deus, e os Seus seguidores são chamados a ser sacrifícios vivos.

Mesmo antes de Moisés, muitas culturas antigas tinham tradições de matar animais em altares para apaziguar as suas divindades. Porém, Levítico codificou o processo para Israel. Havia ofertas queimadas, ofertas de cereais, ofertas pacíficas, ofertas pelo pecado e ofertas pela culpa. Algumas delas foram prescritas para festas anuais, como a Páscoa. Todas elas envolviam levar ao altar algo de valor — no tabernáculo ou, mais tarde, no Templo de Jerusalém.

No capítulo inicial de Isaías, Deus se queixa da hipocrisia de Seu povo: "Não tenho nenhum prazer no sangue de novilhos, de cordeiros e de bodes! [...] Parem de trazer ofertas inúteis! O incenso de vocês é repugnante para mim" (Isaías 1:11,13).

Deus queria corações e vidas, não sangue e vísceras. "Parem de fazer o mal, aprendam a fazer o bem! Busquem a justiça, acabem com a opressão" (vv.16-17). Os senhores de terras ricos enganarem os pobres o ano todo e depois esperarem subornar a Deus com um grande sacrifício — bem, aquilo era simplesmente um monte de besteiras.

※

O sacrifício é um tema fundamental do período da Páscoa. Sacrificamos algo que, em outras épocas do ano, valorizamos e desejamos. Talvez sejamos aquele rebatedor sacrificial do beisebol, abrindo mão de algo para ajudar a outro. E toda a Quaresma aponta para o sacrifício de Jesus por nós na cruz.

A chave para tudo isso é a ideia de que Deus quer vidas, não símbolos. Como Deus disse por intermédio de outro profeta: "desejo misericórdia e não sacrifícios; conhecimento de Deus em vez de holocaustos" (Oseias 6:6).

Jesus citou essa passagem mais de uma vez ao lidar com os líderes religiosos hipócritas que encontrou. Ainda assim, tornou-se o sacrifício para o qual todos os outros sacrifícios apontavam. "Deus o ofereceu como sacrifício para propiciação mediante a fé, pelo seu sangue..." (Romanos 3:25). Em outro lugar, Paulo chamou Cristo de "nosso Cordeiro pascal" (1 Coríntios 5:7).

O livro de Hebreus afirma que os sacrifícios do Antigo Testamento tinham de ser repetidos ano após ano, festa após festa, mas "Cristo foi oferecido em sacrifício uma única vez, para tirar os pecados de muitos" (9:28).

A história do sacrifício não termina aí. Nós que seguimos Jesus somos chamados a ser um "sacrifício vivo" (Romanos 12:1). Entregamos a nossa vida a Deus em adoração e amoroso apoio aos outros. "Por meio de Jesus, portanto, ofereçamos continuamente a Deus um sacrifício de louvor, que é fruto de lábios que confessam o seu nome. Não se esqueçam de fazer o bem e de repartir com os outros o que vocês têm, pois de tais sacrifícios Deus se agrada" (Hebreus 13:15-16).

PREPARANDO O SEU CORAÇÃO PARA A PÁSCOA

Pergunte a si mesmo: Como posso abrir mão de mim mesmo para ajudar outra pessoa a se aproximar do sucesso? Dedique algum tempo para pensar em possibilidades. Elabore um plano para fazer algo sacrificial por outra pessoa. Como seria se todos nós vivêssemos assim todos os dias?

29

Prego

Ele a removeu [a escrita de dívida],
pregando-a na cruz.
Colossenses 2:14

Talvez você conheça o velho aforismo "Por falta de um prego". Segundo essa história, a falta de um prego fez com que uma ferradura se soltasse, o que impediu o cavalo de ir para a batalha, o que impediu o cavaleiro de desferir o golpe decisivo, então a batalha foi perdida e a guerra foi perdida. Tudo porque um prego não estava fazendo o seu trabalho.

Poderíamos usar a mesma abordagem para a história da crucificação de Jesus.

Porém, primeiramente falemos um pouco acerca de pregos.

Esses fixadores remontam ao início da história. No quarto capítulo da Bíblia, lemos sobre Tubalcaim, "que fabricava todo tipo de ferramentas de bronze e de ferro" (Gênesis 4:22). Os arqueólogos confirmam a presença de pregos entre as ferramentas da Era do Bronze.

Em uma das muitas histórias terríveis do tempo dos juízes, uma dona de casa chamada Jael se tornou uma heroína israelita ao oferecer a um general inimigo um lugar para dormir — e, depois, cravar-lhe uma estaca na cabeça (veja Juízes 4:21). A descrição é de uma estaca, basicamente um grande prego.

Salomão construiu o templo, adornando seu lugar santíssimo com ouro — incluindo pregos de ouro (veja 2 Crônicas 3:9).

Os pregos bíblicos têm também aplicação evidente em nossa própria condição espiritual.

Na conclusão de Eclesiastes, o autor compara a sabedoria a dois objetos pontiagudos. "As palavras dos sábios são como aguilhões, a coleção dos seus ditos como pregos bem fixados" (12:11). Os aguilhões eram varas pontiagudas, como longos pregos, que os pastores usavam para cutucar ovelhas errantes — como nós. "Todos nós, como ovelhas, nos desviamos, cada um de nós se voltou para o seu próprio caminho" (Isaías 53:6).

E, é claro, os pregos seguram as coisas com firmeza. Eles evitam que cadeiras fiquem frágeis e que paredes caiam. Assim como fazem os pregos, a sabedoria de Deus solidifica a nossa vida, proporcionando alguma segurança quando ela se torna instável.

Jesus sabia tudo acerca de pregos. Ele trabalhou com o Seu pai adotivo como carpinteiro (veja Mateus 13:55, Marcos 6:3). A palavra grega poderia ser usada para construtor, pedreiro ou artesão, mas pregos teriam feito parte do Seu conjunto de ferramentas. Faz parte da poesia do evangelho que esse construtor, que tantas vidas reconstruiu, tenha sido preso com pregos a uma viga de madeira — e foi assim que Ele elaborou a salvação do mundo.

E assim, neste tempo da Páscoa, em que antecipamos a tragédia e o triunfo da cruz, os pregos que perfuraram as mãos e os pés de Jesus se tornam uma espécie de terrível beleza. Pregos e carne são coisas reais em um mundo real. A realidade da tortura atesta a concreta realidade da caminhada de Jesus Cristo na Terra.

O discípulo Tomé precisava de provas, então Jesus lhe mostrou as marcas dos pregos (veja João 20:24-29). Mais uma vez, os pregos entram nesta história. Isso não era um holograma de Jesus ressuscitado, nem uma alucinação em massa. Quem duvidou poderia tocar nas cicatrizes. O Jesus crucificado havia realmente voltado dos mortos, como testemunhavam os pregos.

Por causa de um prego, a guerra foi perdida? Não, a guerra contra o pecado e a morte foi decididamente vencida quando o Carpinteiro foi pregado a uma cruz pelos nossos pecados e reviveu.

PREPARANDO O SEU CORAÇÃO PARA A PÁSCOA

Pai, agradeço a ti por enviares o Teu Filho, encarnado como ser humano de verdade, para me salvar da morte espiritual. Ajuda-me a segui-lo a cada dia, consciente do preço que Ele pagou por mim.

30

Paixão

*Não devia o Cristo sofrer estas coisas,
para entrar na sua glória?*

Lucas 24:26

Em 2004, um filme comoveu, inspirou e incomodou profundamente os espectadores. *A Paixão de Cristo* apresentou, em detalhes sangrentos, a flagelação e a crucificação de Jesus. Para alguns, foi demasiadamente sangrento. Outros o receberam como um lembrete difícil, mas útil, da dor que o nosso Salvador sofreu.

O nome do filme foi correto. A palavra *paixão* significa "sofrimento". Ao longo dos tempos, ela tem sido especialmente ligada ao sofrimento de Jesus. Os amantes de música clássica estão familiarizados com *A paixão segundo São Mateus*, de Bach, e muitas outras obras baseadas nos relatos evangélicos do sofrimento de Jesus.

Há também um segundo significado em "a paixão de Cristo". Nos tempos modernos, frequentemente paixão se refere a amor — a emoção que alguém sente, decorrente de um profundo desejo por outra pessoa. Nesse sentido, a paixão do Cristo agonizante poderia ser entendida como o Seu eterno amor por nós.

A palavra *paixão* provém do latim *passus*, uma forma do verbo *patior*, "experimentar algo". Em algum momento, ela recebeu o significado de suportar algo negativo.

Podemos também remontar *paixão* a uma palavra grega, *pascho*, que tem uma forma substantiva, *pathos*. A palavra *pascho* e suas formas relacionadas aparecem aproximadamente cinquenta vezes no Novo Testamento e costumam ser traduzidas como "sofrer".

Muitas vezes, Jesus preparou os Seus discípulos para a Sua paixão dizendo que "era necessário que ele fosse para Jerusalém e sofresse muitas coisas" (Mateus 16:21). Após a Sua ressurreição, Jesus ensinou a dois discípulos desinformados no caminho para Emaús: "Não devia o Cristo sofrer estas coisas, para entrar na sua glória?" (Lucas 24:26). Isso se tornou uma parte essencial da pregação do apóstolo Paulo: "Paulo foi à sinagoga e por três sábados discutiu com eles com base nas Escrituras, explicando e provando que o Cristo deveria sofrer e ressuscitar dentre os mortos" (Atos 17:2-3).

Uma das filosofias mais populares nos poucos séculos antes e depois de Jesus foi o estoicismo. Os estoicos falavam muito acerca de *pathos*, acerca do sofrimento humano — como pensar nele, como lidar com ele e como evitá-lo. Eles tinham um código moral rígido e alguns até abandonaram o panteão grego em favor de um único Deus sobre todos — mas tiveram dificuldade em imaginar que, algum dia, esse Deus pudesse sofrer.

O apóstolo Paulo falou poderosamente ao mundo grego, até mesmo debatendo com os estoicos em Atenas (veja

Atos 17:18). Perto da costa, em Filipos, vivia um grupo de cristãos que recebeu uma carta do apóstolo acerca de como Jesus se recusou a apegar-se à Sua divindade, mas voluntariamente se manifestou em carne humana, humilhando-se no sofrimento e na morte, "e morte de cruz!" (Filipenses 2:8).

Esse é o verdadeiro significado da paixão: Cristo suportou sofrimentos grotescos para salvar pessoas pelas quais Ele é apaixonado. "Pois também Cristo sofreu pelos pecados uma vez por todas, o justo pelos injustos, para conduzir-nos a Deus" (1 Pedro 3:18).

PREPARANDO O SEU CORAÇÃO PARA A PÁSCOA

Hoje, dedique tempo para refletir sobre o significado da paixão de Cristo. Considere como a Sua paixão por você foi tão grande que Ele sofreu intensamente na cruz. Fale com Ele e agradeça-lhe pelo Seu extraordinário amor por você.

> A última semana da Quaresma, que começa no Domingo de Ramos e continua até o Domingo de Páscoa, é às vezes chamada Semana da Paixão. O Domingo de Ramos também é conhecido como Domingo da Paixão.

31

Cruz

Pois a mensagem da cruz é loucura para os que estão perecendo, mas para nós, que estamos sendo salvos, é o poder de Deus.

1 Coríntios 1:18

Após reunir-se durante anos em locais emprestados, uma nova igreja estava finalmente planejando construir seu próprio prédio. Olhando as plantas, certo membro do comitê perguntou: "Então, onde vai a cruz?"

O pastor respondeu: "Por que deveríamos ter uma cruz?".

Sim, ele estava sendo um sabichão, mas também um líder sábio. Ele queria que as pessoas pensassem por que precisavam de uma cruz em uma igreja.

"Bem, somos cristãos", diziam as pessoas. "As igrejas cristãs têm cruzes".

O pastor acrescentou: "Vocês sabem que a cruz era uma forma de pena capital. Seria como colocar a imagem de uma cadeira elétrica ou de uma forca".

Demorou um pouco, mas, finalmente, alguém disse: "Nós somos quem somos porque Jesus morreu na cruz por nós. Temos vida eterna porque Ele morreu na cruz. Não podemos nos esquecer disso".

Bingo. Essa era a resposta que o pastor queria. E, agora, a igreja tem uma cruz exposta em destaque no seu santuário.

A crucificação começou com os povos medo e persa, cinco séculos antes de Jesus. Alexandre, o Grande, a usava. Literalmente, a palavra grega para cruz, *stauros*, significa "estaca". Um corpo poderia ser afixado a esse poste de diversas maneiras. Aparentemente, a parte horizontal foi um desenvolvimento posterior.

Os romanos fizeram dela uma forma de arte. O filósofo romano Sêneca, conselheiro do imperador Nero, escreveu que a "pior tortura de todas" era a crucificação.[15]

Os dois principais objetivos da crucificação eram a dor e a exibição pública. O processo de morrer foi ampliado de diversas maneiras, incluindo a adição de um pequeno apoio ou pedestal que permitia às vítimas levantar-se e respirar durante um pouco mais de tempo. (A nossa palavra *excruciante* provém da palavra latina para cruz.)

As cruzes eram, frequentemente, colocadas em lugares altos ou ao longo de estradas, onde as pessoas podiam ver as vítimas morrendo. O objetivo era a humilhação, mas também a intimidação. Muitas vezes, uma placa era colocado no topo do poste vertical anunciando o crime da pessoa (veja Mateus 27:37), sugerindo aos possíveis infratores: "Este poderia ser você".

Por mais horrível que tenha sido a crucificação física de Jesus, precisamos ter em mente o horror espiritual daquilo pelo que Ele passou. Não sabemos precisamente qual foi a Sua provação espiritual, e os teólogos têm opiniões diferentes quanto a isso, mas observamos as palavras de Pedro: "Ele mesmo levou em seu corpo os nossos pecados sobre o madeiro" (1 Pedro 2:24).

Muitas pessoas foram crucificadas naquela época, suportando a tortura e a humilhação, mas somente uma delas, Jesus, carregou também os nossos pecados. De alguma maneira, ele sofreu o castigo espiritual de todos nós.

Então, a crucificação foi uma execução cruel, mas apenas o começo do que Jesus passou na cruz. Não admira que, no Getsêmani, Ele tenha orado "Pai, se queres, afasta de mim este cálice" (Lucas 22:42).

Antes de nos apressarmos para usar aquela corrente de ouro com uma cruz de ouro da moda, faríamos bem, como aquela congregação da igreja, em considerar o que realmente significa usar uma cruz.

A cruz representa a morte horrível de Cristo, mas também o Seu insondável sofrimento pelos nossos pecados. Além disso, o próprio Jesus previu o que a cruz significa para nós, Seus seguidores: "Se alguém quiser acompanhar-me, negue-se a si mesmo, tome a sua cruz e siga-me" (Mateus 16:24).

A cruz da história é um símbolo de violência cruel. A cruz do Cristianismo é um símbolo de uma vida de dificuldades por ser um seguidor de Jesus.

Sentimental é a única coisa que uma cruz não é.

PREPARANDO O SEU CORAÇÃO PARA A PÁSCOA

Tudo na Quaresma aponta para a cruz. De que maneira uma análise mais profunda do significado da morte de Cristo na cruz influencia a sua caminhada com Ele hoje?

*Senhor Jesus, agora estou pensando acerca
da cruz de um jeito um pouco diferente. Ela
é mais importante do que eu havia considerado.
Ajuda-me a ver o Teu sacrifício na cruz
em conexão com os meus próprios desafios,
as cruzes da vida que preciso carregar.*

> Uma antiga tradição diz que Pedro foi executado em Roma por volta do ano 66 d.C. mediante crucificação — mas, considerando-se indigno de morrer como Jesus morreu, ele pediu para ser crucificado de cabeça para baixo.

32

Ressurreição

Sei que vocês estão procurando Jesus,
que foi crucificado. Ele não está aqui; ressuscitou.

Mateus 28:5-6

A história de Deus e de nós leva a um clímax impossível. O Messias deveria ser o término triunfante desse drama. Mas Ele foi morto. Jesus foi crucificado; Seu corpo, guardado em um túmulo.

Um ato final exigiria o inimaginável.

De quando em quando, o Antigo Testamento conversa com o Novo Testamento.

Ezequiel viu ossos secos ganharem vida (veja Ezequiel 37:10). Em outro livro profético, Daniel, lemos: "Multidões que dormem no pó da terra acordarão" (Daniel 12:2). Em um salmo citado pelos primeiros cristãos, encontramos a profecia: "não me abandonarás no sepulcro, nem permitirás que o teu santo sofra decomposição" (Salmo 16:10). Assolado por infortúnios, Jó argumentou sua inocência diante de amigos céticos. Então, disse algo surpreendente: "Eu sei que o meu Redentor vive e que no fim se levantará sobre a terra" (Jó 19:25). E, em outra impressionante distorção do tempo entre o Antigo e o Novo

Testamento, Oseias disse: "Depois de dois dias [o Senhor] nos dará vida novamente; ao terceiro dia, ele nos restaurará, para que vivamos na sua presença" (Oseias 6:2).

É o Antigo dizendo ao Novo o que poderia, apenas poderia, ser possível.

※

No Novo Testamento, antes da Semana Santa, houve indícios do que estava por vir. Jesus ressuscitou várias pessoas: a filha de um dos dirigentes da sinagoga, o filho de uma viúva... Alguns céticos sugerem que Ele estava apenas revivendo pessoas que pareciam mortas. Talvez eles estivessem dizendo a mesma coisa naquela época, porque Jesus esperou alguns dias — até que a decomposição se instalasse — antes de ressuscitar Lázaro.[16]

※

É claro que, quando o Novo Testamento menciona a ressurreição, habitualmente está falando em Jesus voltar à vida após a Sua crucificação. Duas palavras diferentes são usadas. Quando a ênfase está em Deus "ressuscitando" Jesus, encontramos formas da palavra grega *egeiro*. Porém, às vezes se refere a Jesus "ressurgindo" dos mortos. Esse é o verbo composto *anistemi* — ou, em sua forma substantiva, *anastasia*. As duas palavras significam, literalmente, "ficar de pé novamente".

Novamente, o Antigo Testamento e o Novo Testamento estão dialogando. Você ouve ecos de Jó? O Redentor literalmente "se [levantaria] sobre a terra" novamente, mesmo depois de morrer pelos nossos pecados.

Acordamos no domingo de manhã e descobrimos que esse drama da vida real *tem* um ato final.

"Depois do sábado, tendo começado o primeiro dia da semana, Maria Madalena e a outra Maria foram ver o sepulcro" (Mateus 28:1). Houve um violento terremoto, a lápide foi removida e um anjo apareceu "como um relâmpago" (v.3).

Os guardas da sepultura estavam com tanto medo que tremiam, e o texto diz, talvez com um toque de ironia, que eles "ficaram como mortos" (v.4).

O anjo disse às mulheres: "Não tenham medo! [...] Ele não está aqui; ressuscitou" (vv.5-6).

O inimaginável simplesmente aconteceu. O impossível se tornou possível. A morte se tornou vida. E hoje, na nossa vida, Jesus aparece e nos saúda, oferecendo-nos vida — a vida eterna.

PREPARANDO O SEU CORAÇÃO PARA A PÁSCOA

Para você hoje, a ressurreição não é apenas uma garantia do Céu após a morte. Ela é uma promessa de poder para a sua vida terrena agora mesmo. Paulo escreve: "E, se o Espírito daquele que ressuscitou Jesus dentre os mortos habita em vocês, aquele que ressuscitou a Cristo dentre os mortos também dará vida a seus corpos mortais, por meio do seu Espírito, que habita em vocês" (Romanos 8:11).

Senhor Deus, como posso viver hoje a realidade da ressurreição?

33

Palmeira

*Pegaram ramos de palmeiras e saíram
ao seu encontro, gritando: "Hosana!" "Bendito
é o que vem em nome do Senhor!"*

João 12:13

Nossas primeiras lembranças do Domingo de Ramos, talvez também as suas, são de um santuário decorado com plantas e, de algum modo (apesar de vivermos no nordeste dos EUA), ramos de palmeiras tropicais adornando o altar à frente.

O Domingo de Ramos era um dia feliz, um dia de hosana, uma trégua após um longo e difícil período quaresmal de introspecção, confissão e luto.

É assim de fato, mas ele é também um breve momento de alegria antes da tempestade.

~~~

Os ramos de palmeira daquele primeiro Domingo de Ramos teriam vindo da tamareira, comum no entorno de Jerusalém. A árvore tem um tronco robusto, que se eleva de 18 a 27 metros e, depois, espalha folhas frondosas que podem crescer para cima mais um metro e oitenta centímetros. Ela produz grandes cachos de tâmaras, e uma parte fibrosa da árvore pode ser tecida formando uma corda forte.

A árvore era tão comum no Oriente Médio que era frequentemente ilustrada em entalhes e cunhagem, remontando a milênios (veja 1 Reis 6:29). As colunas de edifícios antigos costumavam ser feitas de modo a parecerem palmeiras, encimadas por capitéis que lembravam as folhas frondosas.

São esses ramos que desempenham um papel no relato de Jesus ao entrar na cidade montando um jumento. "Pegaram ramos de palmeiras e saíram ao seu encontro, gritando: 'Hosana!' 'Bendito é o que vem em nome do Senhor!' 'Bendito é o Rei de Israel!'" (João 12:13).[17]

Esses eram os seguidores de Jesus, algumas das multidões que haviam caminhado com Ele por toda a região, bebendo o vinho das Suas palavras e comendo o pão da Sua promessa de uma nova vida. Tratava-se de judeus e gentios que criam que Ele era o tão esperado Messias. Eles estavam estendendo a Ele o tapete vermelho.

A prática de colocar palmas no chão tinha uma história entre o povo judeu.

Nos livros de Moisés foram dadas instruções para uma festa da colheita, que durava uma semana. "No primeiro dia vocês apanharão os melhores frutos das árvores, folhagem de tamareira, galhos frondosos e salgueiros, e se alegrarão perante o Senhor, o Deus de vocês, durante sete dias"

(Levítico 23:40). Eles foram também instruídos a usar os galhos para criar estruturas temporárias (o que ficou conhecido como Festa das Cabanas, às vezes também chamada de Festa dos Tabernáculos).

Assim, os judeus estavam acostumados a celebrar as bênçãos de Deus agitando ramos e cantando louvores enquanto participavam de uma grande procissão.

※

Para os seguidores de Jesus daquele primeiro Domingo de Ramos, essa celebração marcava a chegada de um rei redentor. Nas palavras proféticas de Zacarias: "Eis que o seu rei vem a você, justo e vitorioso, humilde e montado num jumento [...] Ele proclamará paz às nações" (9:9-10).

Porém, podem-se ouvir alguns acordes menores na trilha sonora deste filme. Apesar de todas as multidões que atapetavam o caminho com palmeiras, havia outras facções de judeus e romanos que tinham uma ideia diferente acerca de Jesus — um plano diferente para Ele na semana seguinte.

Além disso, para esses adoradores, Jesus não era o tipo de rei que eles estavam esperando. Eles imaginavam o Messias como um líder político, o chefe de estado. Eles acreditavam que essa entrada em Jerusalém era o início de um novo governo.

Porém, Jesus logo apareceria a esses adoradores como muito menos do que o seu rei — embora seja muito mais. De fato, Jesus desafia todas as nossas expectativas. A ironia de todos os tempos é que esse conquistador conquistou a paz, não com uma espada, e sim com uma cruz; não matando os seus inimigos, e sim perdoando-os; não evitando a morte, e sim dando a Sua vida pela humanidade... por nós.

PREPARANDO O SEU CORAÇÃO PARA A PÁSCOA

Senhor Deus, durante este Domingo de Ramos, ajuda-me a ponderar como Jesus desafia as minhas próprias expectativas, como Ele desafia as minhas suposições e como Ele pode transformar a minha vida de novas maneiras.

34

Hosana

A multidão que ia adiante dele
e os que o seguiam gritavam:
"Hosana ao Filho de Davi!"

Mateus 21:9

Naquele primeiro Domingo de Ramos, "Uma grande multidão estendeu seus mantos pelo caminho, outros cortavam ramos de árvores e os espalhavam pelo caminho. A multidão que ia adiante dele e os que o seguiam gritavam: 'Hosana ao Filho de Davi!' 'Bendito é o que vem em nome do Senhor!' 'Hosana nas alturas!'" (Mateus 21:8-9).

Essa celebração lembra a Festa dos Tabernáculos (ou das Cabanas), observada cada outono. Ela era uma festa da colheita e as pessoas seguravam ramos para agitar na procissão de abertura, depois usavam esses ramos para construir abrigos temporários para o resto da semana.

O que chamamos de entrada triunfal aconteceu na primavera, pouco antes da Páscoa; então, talvez tenha sido uma espécie de ajuntamento fugaz para dar as boas-vindas a Jesus, usando as práticas com que as pessoas estavam familiarizadas para o desfile da colheita.

Porém, que é essa palavra estranha que as pessoas gritavam? *Hosana*?

Ela deriva de uma frase hebraica que vem diretamente do Salmo 118 — *hoshiya na* — que literalmente significa "Ajuda agora!" ou "Salva-nos, SENHOR! Nós imploramos" (v.25).

O termo hebraico *hoshiya* era comumente usado como pedido de libertação. No Salmo 12, o escritor o usa em um momento que parece ser muito ruim: "Salva-nos, SENHOR! Já não há quem seja fiel; já não se confia em ninguém entre os homens" (v.1). Quando Isaías diz "O braço do SENHOR não está tão encolhido que não possa salvar" (59:1), ele também usa essa palavra. Em outro lugar, uma mulher consegue uma audiência com o rei Davi e começa com "Ajuda-me, ó rei!" (2 Samuel 14:4), usando a mesma palavra.

Porém, da maneira como é usada no relato do Domingo de Ramos, *hosana* parece ser um grito de louvor, não um pedido de ajuda. Ele é oferecido *ao* Filho de Davi. Ele ressoa "nas alturas". Parece que as pessoas estão dizendo "Louvado seja!" ou, para usar outro termo hebraico, "Aleluia!".

Isso faz sentido quando pensamos a respeito. Quando você precisa de ajuda, a quem você recorre? A alguém maior, mais inteligente, mais forte — alguém que seja capaz de resgatá-lo da sua dificuldade.

John Piper observa essa mudança no significado da palavra: "Algo aconteceu com aquela frase: *hoshiya na*. O significado mudou ao longo dos anos. No [Salmo 118], ela foi imediatamente seguida pela exclamação 'Bendito é o que vem em nome do SENHOR'. O grito de socorro *hoshiya na* foi respondido quase antes de sair da boca do salmista. E, ao longo dos séculos, a frase *hoshiya na* deixou de ser um grito de socorro na linguagem comum dos judeus. Em vez disso, tornou-se um grito de esperança e exultação".[18]

Imagine um tipo diferente de procissão. Você está vivendo em uma cidade francesa em 1945. O seu país está sob ocupação nazista há vários anos, mas os Aliados finalmente conseguiram libertar a sua cidade. À medida que as tropas aliadas avançam, as pessoas se enfileiram nas ruas, gritando "Salvem-nos! Nós amamos vocês! Obrigado! Vocês são vitoriosos! Viva!". Esse é o significado de *hosana*.

Veja, isso é mais do que um estudo de palavras. Essa mistura de palavras hebraicas e gregas expressa a realidade em que nos encontramos.

O significado original em hebraico expressa a necessidade desesperada do nosso coração. Alguns estudiosos dizem que *hoshiya na* carrega também um senso de urgência: "Estou arrasado e desesperado. Por favor, salve-me *agora*".

O significado grego de *hosana* expressa o alívio por nossa ajuda haver chegado. Jesus nos resgatou da nossa destruição. Ele promete nova vida, uma nova direção. Hosana é a nossa explosão de entusiasmo, uma exuberância vertiginosa diante da surpreendente notícia de que Jesus Cristo está aqui para salvar.

PREPARANDO O SEU CORAÇÃO PARA A PÁSCOA

Talvez hoje você sinta essa necessidade desesperada e urgente de ajuda. O seu coração está partido, a sua vida está destruída e você clama. Talvez o uso que você faz da palavra *hosana* adquira, agora, uma nova profundidade. Leve isso ao seu tempo de oração com Deus. Clame a Ele em seu sofrimento e necessidade de ajuda. Clame a Ele em sua alegria por Ele haver vindo para salvá-lo. Diga em voz alta — de fato, grite! — e faça dela a sua exclamação exuberante Àquele que o salvou.

35

Novo

*As coisas antigas já passaram;
eis que surgiram coisas novas!*

2 Coríntios 5:17

O mundo da publicidade tem palavra melhor do que *novo*? Queremos os melhores e mais recentes produtos, em suas versões novas e aprimoradas. A explosão tecnológica das últimas décadas deu ainda mais importância à novidade. As pessoas ficam com vergonha de serem vistas com um telefone antigo, uma TV de tubo ou um CD player quando há aparelhos mais novos disponíveis.

Novo é também uma palavra-chave na Bíblia. Embora as Escrituras mostrem respeito pelas tradições entregues por Deus, também revelam que o Criador segue criativo, constantemente criando coisas novas para nós, à nossa volta e no nosso interior. Certa vez, Jesus disse que um estudante da Bíblia que realmente o segue é semelhante ao dono de uma casa revirando um sótão e tirando "coisas novas e coisas velhas" (Mateus 13:52).

―――

Você poderia pensar que o Antigo Testamento é *velho*, mas a divina propensão ao novo flui ao longo desses 39 livros, especialmente nos Profetas. "Vejam, estou fazendo uma coisa nova!" (Isaías 43:19) — Deus anuncia por meio de Seu profeta. Ele estava prometendo tirar Seu povo do cativeiro na Babilônia e renovar a sua pátria arruinada.

Vagando por aquelas ruínas, Jeremias chorou, mas também reuniu esperança após o desastre. "Graças ao grande amor do SENHOR é que não somos consumidos, pois as suas misericórdias são inesgotáveis. Renovam-se cada manhã; grande é a sua fidelidade!" (Lamentações 3:22-23). Deus ainda demonstrava o Seu amor de novas maneiras.

Deus não estava apenas reconstruindo Jerusalém. Seu plano global, ecoado na profecia do Novo Testamento, é criar "novos céus e nova terra", onde as "coisas passadas" — como destruição e punição — "não serão lembradas, jamais virão à mente" (Isaías 65:17).

Os escritores do Novo Testamento tinham à sua disposição duas palavras para "novo". *Neos* se refere a atualidade, algo mais jovem, o modelo deste ano. Porém, *kainos* é a palavra escolhida por eles quase o tempo todo. Ela significa "novo e diferente", um novo tipo. Podemos ver como a obra de Jesus, transformadora de vidas e do mundo, teve de ser descrita com esse nível de novidade *kainos*.

Jesus deu um novo significado à tradição da Páscoa quando ergueu um cálice de vinho e falou da "nova aliança no meu sangue" (Lucas 22:20).

Ele deu aos Seus discípulos um "novo mandamento", de se amarem uns aos outros (João 13:34).

E Pedro louvou a Deus por nos "[regenerar] para uma esperança viva, por meio da ressurreição de Jesus Cristo dentre os mortos" (1 Pedro 1:3).

Uma das últimas imagens verbais que vemos nas Escrituras é Deus em Seu trono, supervisionando "novos céus e nova terra" (Apocalipse 21:1). Ele diz: "Estou fazendo novas todas as coisas!" (v.5).

Isso ecoa as palavras anteriores de Isaías ("estou fazendo uma coisa nova!"), tecendo o plano e o propósito de toda a Bíblia.

PREPARANDO O SEU CORAÇÃO PARA A PÁSCOA

Talvez você se considere um seguidor de Cristo e tenha entregado o seu coração a Jesus. Porém, talvez você tenha se desviado e caído em algumas coisas antigas. Este ponto culminante da época da Páscoa é o momento perfeito para você responder a Deus e permitir que Ele o transforme para recuperá-lo. Em seu novo compromisso com Ele, você será capaz de cantar mais uma vez: "Dia após dia, com bênçãos sem fim" (isto é, "com novas misericórdias").

Senhor Deus, ajuda-me a estar aberto a coisas novas que Tu tens para mim na minha vida.

A poesia de Lamentações 3:23 ecoa no hino "Tu és fiel": "Dia após dia, com bênçãos sem fim".

Thomas Chisholm, um humilde professor e pastor de Kentucky, escreveu a letra desse grande hino. Ele enviou esse poema a William Runyan, um músico ligado ao Moody Bible Institute de Chicago; Runyan gostou da obra e a musicou.

Mais tarde, a ligação de Runyan com Billy Graham fez com que o hino fosse usado em cruzadas evangelísticas de Graham, e "Tu és fiel" se tornou conhecido e muito amado.

36

Salvação

...quanto mais agora, tendo sido reconciliados, seremos salvos por sua vida!

Romanos 5:10

No beisebol profissional, os times costumam colocar em campo um dos seus melhores arremessadores no fim de um jogo acirrado. Se esse arremessador conseguir impedir as rebatidas dos oponentes e garantir a vitória, lhe será creditada um *save* (salvamento).

Ao longo de sua brilhante carreira de dezenove anos no *New York Yankees*, Mariano Rivera foi o melhor nisso, acumulando 652 salvamentos — e fazendo aparecer nas arquibancadas cartazes que diziam "Só Jesus salva mais do que Mariano".

Rivera, homem de profunda fé, provavelmente ficava constrangido com essa afirmação, mas certamente concordaria que Jesus é o maior "salvador" de todos os tempos.

O hebraico tem uma família de palavras para "salvar", "salvador" e "salvação" (*yasha, moshiya, yeshua*). Essas palavras estão relacionadas a outros termos para saúde e bem-estar. Assim, Deus é aclamado como o Salvador que zela de várias maneiras pelo bem-estar do Seu povo escolhido.

Seguros na margem oposta do mar Vermelho após uma fuga milagrosa do Egito, os israelitas cantaram "O Senhor é a minha força e a minha canção; ele é a minha salvação [*yeshua*]" (Êxodo 15:2). Ao longo de todo o Antigo Testamento, salvação se refere a ajuda em tempos de dificuldade. Em nível nacional, Deus salva o Seu povo Israel de exércitos estrangeiros, como aquele batalhão egípcio varrido pelo mar.

No grego do Novo Testamento encontramos uma família de palavras semelhante (*sozo, soter, soteria*), mas o significado é consideravelmente diferente.

"Hoje houve salvação nesta casa" (Lucas 19:9) — disse Jesus na casa de Zaqueu, um cobrador de impostos que acabara de se arrepender de sua conduta fraudulenta. É claro que essa foi uma conversão pessoal, não uma derrota de exércitos inimigos. Jesus prosseguiu, recitando a Sua própria declaração de missão: "Pois o Filho do homem veio buscar e salvar o que estava perdido" (v.10).

A salvação não é apenas uma cura para uma praga ou uma colheita abundante para acabar com uma fome. Ela é mais do que bem-estar físico. Ela é espiritual. Vidas são transformadas. Quando as pessoas estão perdidas, como Zaqueu, o Salvador as encontra e as reconecta a Deus. Após um encontro com Jesus, um grupo de samaritanos disse: "sabemos que este é realmente o Salvador do mundo" (João 4:42).

Não apenas de Israel. Do mundo.

Toda a história de Jesus está envolvida nessa linguagem de salvação.

"Hoje, na cidade de Davi, nasceu o Salvador", anunciou um anjo a um grupo de pastores espantados (Lucas 2:11). No templo, um profeta idoso pegou o menino Jesus nos braços e orou: "os meus olhos já viram a tua salvação, que preparaste à vista de todos os povos: luz para revelação aos gentios e para a glória de Israel, teu povo" (vv.30-32). Mesmo naquele momento, a promessa de salvação se estendia para além da nação de Israel.

Nos meses e anos que se seguiram à morte e ressurreição de Jesus, os apóstolos deixaram claro que aqueles acontecimentos trouxeram salvação ao mundo. Pedro pregou: "Não há salvação em nenhum outro, pois, debaixo do céu não há nenhum outro nome dado aos homens pelo qual devamos ser salvos" (Atos 4:12).

Paulo e Barnabé descreveram como Deus havia comissionado o ministério deles: "Eu fiz de você luz para os gentios, para que você leve a salvação até aos confins da terra" (Atos 13:47).

Nesta jornada até a Páscoa, somos lembrados da nossa necessidade espiritual e de como, se depender de nós mesmos, estamos perdidos. Necessitamos de salvação. Porém, passamos a compreender a morte e a ressurreição de Jesus não apenas como eventos importantes e miraculosos, mas também como eventos *salvadores*, a extraordinária missão de resgate que Deus planejou para salvar a nós, a quem Ele ama.

PREPARANDO O SEU CORAÇÃO PARA A PÁSCOA

*Senhor Deus, nesta época de lembrar
a morte e a ressurreição do Teu Filho,
ajuda-me a abraçar profundamente
o significado completo da salvação.*

37

Endoenças

Um novo mandamento dou a vocês:
Amem-se uns aos outros.

João 13:34

Durante a Semana Santa, enquanto os seguidores de Jesus Cristo observam os importantes eventos de Sua morte e da ressurreição, surge uma pergunta, em alguns contextos cristãos: o que significa *endoenças*?

Desde a Idade Média, o dia anterior à Sexta-Feira da Paixão é conhecido, em certas tradições cristãs, como Quinta-Feira de Endoenças (ou Quinta-Feira Santa). Muitos presumem que *endoenças* é apenas uma palavra antiga para "santa". Não é bem assim. Outros, notando o tom solene desse dia, imaginam que *endoenças* deve significar "pesaroso". Não.

A palavra "endoença" provém do latim *indulgentiae*, e se refere ao perdão [N.T.: no sentido próprio da indulgência: bondade, benevolência, brandura, condescendência, favor, graça, isenção de um tributo, perdão de uma pena]. A tradição de muitas igrejas cristãs liga essa data aos atos cerimoniais que Jesus praticou durante a Santa Ceia e ao novo mandamento que Ele deixou aos Seus discípulos (João 13:14).

A fé judaica estava ancorada pela lei de Deus, mandamentos dados a Moisés e compartilhados com o povo de Deus. Nos dias de Jesus, os fariseus se viam como guardiões desses mandamentos e acrescentavam alguns por conta própria, por cautela. Embora Jesus garantisse aos Seus ouvintes que Ele não viera para "abolir, mas cumprir" (Mateus 5:17), Ele frequentemente criticava os fariseus por não entenderem o objetivo da Palavra de Deus. No seu zelo por guardar as regras, eles negligenciavam o relacionamento que Deus desejava ter com eles.

Assim, não foi pouco importante, na véspera do dia que pavimentaria o caminho para a vida eterna, Jesus emitir um novo mandamento. Com Sua morte como o Cordeiro sacrificial de Deus, Ele estava prestes a cumprir os requisitos da lei de Moisés e tirar o pecado do mundo (veja João 1:29). Porém, havia um novo mandamento para quem confiasse nele: "Amem-se uns aos outros" (João 13:34).

Isso é o que torna a Quinta-Feira "de endoenças".

Jesus acrescentou: "Como eu os amei, vocês devem amar-se uns aos outros. Com isso todos saberão que vocês são meus discípulos, se vocês se amarem uns aos outros" (João 13:34-35).

Esse é o novo comando, resumindo e cumprindo os antigos mandamentos. Agora, as nossas escolhas de vida são motivadas pelo nosso amor a Deus, não pelo medo de desagradá-lo, porque "o perfeito amor expulsa o medo" (1 João 4:18).

A Quinta-Feira de endoenças está associada também à Última Ceia, especificamente ao ato do lava-pés que Jesus realizou com os Seus discípulos: "derramou água numa bacia e começou a lavar os pés dos seus discípulos, enxugando-os com a toalha que estava em sua cintura" (João 13:5).

Na Quinta-Feira Santa, algumas igrejas encenam a Ceia do Senhor, incluindo o rito do lava-pés, em humilde reconhecimento do novo mandamento.

De fato, a importância dessa quinta-feira não está na sua santidade ou tristeza, e sim no amor do sacrifício que Jesus fez por nós voluntariamente. E é Seu mandamento a nós que demonstremos o mesmo amor pelos outros.

Elesha Coffman escreve: "É comum ouvir do púlpito que ninguém é capaz de apreciar plenamente a alegria do Domingo de Páscoa sem experimentar as trevas da Sexta-Feira da Paixão. Porém, os discípulos teriam ficado perplexos com esses dois dias sem a lição da Quinta-Feira Santa. O dia em que eles receberam a ordem de amar, tiveram os pés lavados por um rei, e compreenderam pela primeira vez a ligação entre o sacrifício da Páscoa, Cristo e o pão da vida, não deveria ser negligenciado por qualquer de nós, ainda que o calendário mostre um quadrado em branco".[19]

PREPARANDO O SEU CORAÇÃO PARA A PÁSCOA

Dedique um momento para pensar nas pessoas mais próximas de você. Para você, o que significa ajoelhar-se realmente diante delas com uma bacia e água e lavar-lhes os pés, tendo nos lábios o mandamento de que devemos nos amar uns aos outros?

*Senhor, direciona-me hoje a alguém
a quem eu possa demonstrar o amor de que Tu falas,
o amor que ecoa o meu amor por ti.*

38

Boa

*Ao meio-dia, desceu sobre toda a terra uma
escuridão que durou três horas [...] Então Jesus clamou
em alta voz novamente e entregou seu espírito.*

Mateus 27:45,50 NVT

Uma vez que a Sexta-feira Santa foi o dia do horrível sofrimento pelo qual Jesus passou, por que a chamamos de "boa"?

Talvez você já tenha ouvido a pergunta. Talvez você mesmo tenha se perguntado. Não há uma resposta definitiva, mas os especialistas apresentaram algumas teorias válidas.

O primeiro uso do termo conhecido em inglês ("guode Friday") ocorreu no *South English Legendary* por volta do ano 1290 d.C. — segundo o *Oxford English Dictionary*, que registra essas coisas. O dia foi "bom" porque a igreja o reconheceu como um dia santo. Santo é bom. Outros sugerem que o dia foi inicialmente denominado "God's Friday" (Sexta-feira de Deus), mas o termo acabou sendo corrompido para "Good Friday" (Sexta-feira Boa, conhecida em português como Sexta-feira Santa).

Qualquer que seja a origem do nome, muitos cristãos não têm problemas com ele. Embora todos os anos fiquemos tristes pela crueldade infligida ao nosso amado Senhor Jesus, também reconhecemos que esse foi o dia em que Ele nos salvou. A nossa vida eterna foi conquistada na boa Sexta-feira Santa. Os poderes do mal fizeram o pior, mas não conseguiram vencer a bondade de Deus. "Ele mesmo levou em seu corpo os nossos pecados sobre o madeiro, a fim de que morrêssemos para os pecados e vivêssemos para a justiça; por suas feridas vocês foram curados" (1 Pedro 2:24).

Quando a Bíblia descreve a criação, em seu primeiro capítulo, um tema é repetitivo. Após cada dia de Seu trabalho, "Deus viu que ficou bom" (veja Gênesis 1). A palavra hebraica para "bom", *tov*, não é sofisticada. Está apenas dizendo que, dia após dia, o crescente Universo era agradável, positivo, adorável, em pleno funcionamento. Após o sexto dia, porém, a fórmula muda ligeiramente: "Deus viu tudo o que havia feito, e tudo havia ficado muito bom" (Gênesis 1:31). Talvez isso se refira à totalidade da criação — foi o último dia de Deus antes do descanso —, mas lembre-se de que os seres humanos foram criados nesse último dia. Agora, com a humanidade nele, o mundo estava em um patamar superior de "bom".

E, provavelmente, não é por acaso que, no segundo capítulo da Bíblia, o Senhor diz "Não é bom que o homem esteja só; farei para ele alguém que o auxilie e lhe corresponda" (Gênesis 2:18). As pessoas são feitas para comunidade, companheirismo, amizade, amor. Como diz o salmista: "Como é bom [*tov*] e agradável é quando os irmãos convivem em união!" (Salmo 133:1).

Um jovem rico correu até Jesus e perguntou: "Bom mestre, que farei para herdar a vida eterna?" (Marcos 10:17).

Algumas palavras gregas são traduzidas como "bom". *Kalos* é uma delas, frequentemente acompanhada por *kakos* ("ruim"). Você pode traduzi-la como "bonito", "nada mau" ou "suficientemente bom". Porém, essa não é a palavra usada nessa história.

Essa palavra — *agathos* – é muito mais elogiosa. Você poderia dizer "excelente", "notável", "louvável". O jovem chama Jesus de excelente e notável mestre, e faz uma pergunta básica de Escola Dominical. Jesus dá uma resposta estranha: "Por que você me chama bom? Ninguém é bom, a não ser um, que é Deus" (v.18).

Talvez Jesus estivesse eliminando o elogio superficial para chegar ao cerne da questão. Aquele jovem estava apenas inquirindo os mestres locais para obter um bom acordo acerca da vida após a morte? Ou estava realmente disposto a fazer o que um Deus excelente exigia? Talvez haja um toque de ironia na resposta de Jesus: "Só Deus é bom e você está me chamando de bom. Você realmente sabe com quem está falando?".

Acontece que o jovem não sabia.

A Sexta-feira "Boa" foi um dia terrível, horrível, nada bom, muito ruim — e a melhor coisa que jamais aconteceu à humanidade. Somente com o sacrifício de Jesus Cristo a morte poderia ser vencida para todos nós. Somente depois dos terríveis acontecimentos daquela sexta-feira é que aquele domingo poderia ser um novo amanhecer para o mundo.

O Domingo de Páscoa torna a Sexta-feira "muito boa".

Há outro versículo bíblico citado com tanta frequência que muitos de nós nos esquecemos de como ele é incrível. "Sabemos que Deus age em todas as coisas para o bem [*agathos*] daqueles que o amam, dos que foram chamados de acordo com o seu propósito" (Romanos 8:28).

Coisas ruins acontecem na nossa vida. A Bíblia nunca nega isso. E esse versículo não está dizendo para nós que o *kalos* superará o *kakos*, para que a nossa vida seja "bonita" ou "suficientemente boa". Não, ele está nos lembrando de que Deus tem um nível de bondade que ultrapassa tudo que conhecemos. Ele está elaborando esse nível de excelência eterna e nós fazemos parte disso.

Nada pode nos separar do Seu propósito amoroso. Nem mesmo uma crucificação.

E é por isso que a Sexta-feira Santa é também chamada de Sexta-feira Boa.

PREPARANDO O SEU CORAÇÃO PARA A PÁSCOA

Senhor, hoje venho a ti profundamente consciente das feridas que Tu sofreste na cruz — não apenas das perfurações na Tua carne, mas da terrível dor de tomar sobre si os meus pecados e os pecados do mundo. Agradeço a ti pela Tua bondade redentora... Aqui, hoje, estão as minhas feridas, as minhas mágoas, as minhas agonias.

39

Sepulcro

Encontraram removida a pedra do sepulcro, mas, quando entraram, não encontraram o corpo do Senhor Jesus.

Lucas 24:2-3

O símbolo universalmente reconhecido do cristianismo é a cruz, e por boa razão. Porém, se algum dia precisarmos de um segundo símbolo, talvez pudéssemos propor o sepulcro vazio. Ele não cabe muito bem em uma corrente no pescoço e fica estranho em uma camiseta, mas representa outro elemento-chave da nossa fé. Jesus não morreu simplesmente pelos nossos pecados. Ele ressuscitou dos mortos para nos conceder uma nova vida.

A palavra grega para sepulcro é *mnemeion*, relacionada à palavra *memória*. Isso é adequado. Um sepulcro serve como memorial para um ente querido falecido. Todos nós sabemos que os corpos se decompõem após a morte. O que resta é a lembrança de uma pessoa. Frequentemente, uma lápide, ou até mesmo um mausoléu, pode preservar essa lembrança.

Ironicamente, a coisa mais memorável acerca do sepulcro de Jesus é ele estar vazio. Ele foi um local de descanso temporário, uma permanência de três dias.

Nos tempos bíblicos, alguns corpos eram enterrados no chão e o local era marcado por uma árvore ou uma pilha de pedras. Partes de Israel tinham terreno montanhoso rochoso, com grutas e cavernas. Elas eram boas para sepulcros.

A lei de Israel alertava contra tocar em cadáveres. Isso tornava a pessoa "impura" e exigia um importante processo de limpeza. Assim, era importante alertar as pessoas quando elas estavam perto de um sepulcro. Para isso, alguns sepulcros em grutas eram caiados a cada primavera. Certa vez, Jesus disse aos hipócritas fariseus: "Vocês são como sepulcros caiados: bonitos por fora, mas por dentro estão cheios de ossos e de todo tipo de imundície" (Mateus 23:27).

Pessoas ricas podiam pagar um pedreiro para abrir um sepulcro em um afloramento rochoso (grande parte da rocha existente em Israel é calcário, então isso não teria sido tão trabalhoso quanto parece). José de Arimateia, um seguidor secreto de Jesus, é descrito como "um homem rico" e "membro de destaque do Sinédrio", com um "sepulcro novo, que ele havia mandado cavar na rocha" (Mateus 27:57,60; veja também Marcos 15:43). Ele acertou com o governador romano tirar o corpo de Jesus da cruz e o colocar ali.

Nos sepulcros em grutas — naturais ou escavados em uma encosta — era comum colocar algum tipo de porta. Ela poderia ser de madeira ou de pedra, quadrada ou circular. A porta desencorajava ladrões de sepulcros e qualquer pessoa que pudesse entrar acidentalmente e ficar contaminada. No caso do sepulcro de Jesus, muito se fala do fato de uma grande pedra haver sido rolada na frente do sepulcro e selada no lugar. Porém, os visitantes da manhã de domingo a encontraram "removida" (Marcos 16:4).

Pense em três palavras, todas referentes a lugares onde Jesus passou algum tempo: ventre, recinto e sepulcro:
1. O Filho de Deus passou pelo processo humano de gestação no *ventre* de Maria.
2. Ele foi colocado em uma manjedoura porque "não havia *lugar* para eles" (Lucas 2:7, grifo do autor). Anos mais tarde, em um lugar superior, o cenáculo, Ele deu um novo significado à refeição pascal.
3. Depois, o *sepulcro*, onde Ele conquistou a vitória final sobre a morte.

PREPARANDO O SEU CORAÇÃO PARA A PÁSCOA

Você tem mantido Jesus Cristo enterrado em algum lugar da sua vida? Ele é uma parte dormente da sua fé anterior, agora escondida da vista do público? O que seria necessário para você remover a pedra e proclamar abertamente Jesus Cristo como o seu Senhor ressurreto?

Em um site de construção de mausoléus, uma empresa elenca dez motivos para considerá-la para o projeto. Eles incluem materiais de qualidade, paredes mais espessas e construção especializada. O número dez é uma "garantia eterna", observando que os mausoléus que ela constrói são protegidos "perpetuamente".

Os seguidores de Cristo sabem algo a mais e veem a ironia desse anúncio: a nossa garantia eterna está baseada em Jesus Cristo tornar temporário o Seu sepulcro.

40

Páscoa

Aquele que é a Palavra tornou-se carne e viveu entre nós. Vimos a sua glória, glória como do Unigênito vindo do Pai, cheio de graça e de verdade.

João 1:14

É engraçado o que acontece com os feriados. Eles acumulam todos os tipos de tradições que, às vezes, obscurecem o significado original.

Não há dúvida de que, neste feriado, você verá alguém fantasiado de coelhinho da Páscoa. Alguns fazem a caça aos ovos de Páscoa ou comem muitos doces de Páscoa. À venda estão lírios de Páscoa e bacalhau para o almoço de Páscoa. Alguns têm como tradição assistir ao filme *A Paixão de Cristo*.

A cultura tem facilidade para tomar uma realidade espiritual profunda e convertê-la em algo trivial. Nós protestamos: essa não é a verdadeira Páscoa.

Porém, será que sabemos realmente a que se refere a Páscoa?

Todas as primaveras, a Terra apresenta um espetáculo em suas latitudes mais extremas. Morte e renascimento são realizados em botão e folha. De repente, plantas que pareceram morrer em um inverno rigoroso voltam à vida. O sol nasce no leste, trazendo calor e energia a um mundo desgastado.

Parece que os saxões do norte da Europa e das Ilhas Britânicas homenageavam uma deusa do leste, chamando-a Eostre (origem das palavras inglesa *Easter* e alemã *Ostern*). Podemos imaginá-los realizando uma festa para ela a cada primavera, trocando os casacos pesados por trajes mais coloridos, decorando tudo com as flores e o verde da nova estação.

No século 6, o Papa Gregório enviou monges à Inglaterra com o propósito de converter as tribos locais ao cristianismo. Foi então que as celebrações da primavera no norte se tornaram a celebração cristã do Cristo ressurreto.

Embora não acreditemos na deusa Eostre, acreditamos na criação do mundo e das estações por Deus. Há algo maravilhoso e significativo acerca de como a própria natureza está programada para celebrar a ressurreição todos os anos. "Pois desde a criação do mundo os atributos invisíveis de Deus, seu eterno poder e sua natureza divina, têm sido vistos claramente, sendo compreendidos por meio das coisas criadas" (Romanos 1:20).

Nos eventos que levaram à Sua crucificação, Jesus celebrou a Páscoa judaica com Seus amigos. Depois, saiu para orar, foi preso, crucificado e colocado em um sepulcro. Porém, na manhã do domingo, o sepulcro estava vazio. Jesus havia ressuscitado. Ele havia vencido a morte e, agora, convidava todos para uma vida nova e eterna.

A maioria dos primeiros cristãos era formada por judeus, que relacionavam a celebração da ressurreição de Jesus à refeição anual da Páscoa, conferindo aos antigos rituais um significado novo, cristocêntrico. Mais tarde, ela se tornou uma celebração separada, embora ainda agendada perto da época da Páscoa judaica.

O feriado sazonal da Páscoa foi unificado à celebração da Páscoa cristã da ressurreição de Jesus.

Quaisquer que sejam as origens e a história da Páscoa, o que importa é o significado extraordinário da realidade da ressurreição: a morte de Jesus na cruz foi um ato de Deus para restaurar o que nós contaminamos, para corrigir a bagunça toda que fizemos e para nos reunir ao nosso amoroso Deus.

Contudo, nada disso significaria coisa alguma se o próprio Jesus Cristo não houvesse vencido a morte. Se Ele é apenas um cadáver em um sepulcro, não é Deus. E este é o suspense da semana da Páscoa: o longo silêncio do sábado após a morte de Jesus na sexta-feira, como o lento tique-taque de um relógio...

Amanhece o Domingo de Páscoa. Estamos junto ao sepulcro, ao lado da mãe de Jesus, de Maria Madalena e das outras mulheres. O sepulcro está aberto. Vazio. Ouvimos as palavras "Ele ressuscitou"!

Esse é, então, o verdadeiro significado da Páscoa. Cristo venceu a morte. Deus providenciou uma maneira para estarmos com Ele eternamente. Cristo ressuscitou!

Ele, de fato, ressuscitou.

PREPARANDO O SEU CORAÇÃO PARA A PÁSCOA

Senhor Deus, não há em mim palavras suficientes para expressar a minha alegria e gratidão. Cristo está vivo — ressurgiu dos mortos e está vivo em meu coração! Obrigado.

NOTAS

1. Eugene Peterson, *Tell It Slant: A Conversation on the Language of Jesus in His Stories and Prayers* (Grand Rapids, MI: Eerdmans, 2004/2012), p.238. Neste livro, a citação está em tradução livre, mas a obra foi publicada em português como *A linguagem de Deus* (Mundo Cristão, 2011).

2. Thomas McKenzie, *Lent with the Desert Fathers* (Nashville: Colony Catherine, 2019), p.98. Citação em tradução livre.

3. N. T. Wright, *Lent for Everyone: Mark, Year B* (Louisville, KY: Westminster John Knox Press, 2012), p.15. Citação em tradução livre.

4. Algumas traduções usam "declarar" em vez de "confessar", mas é a mesma palavra traduzida em outros textos como "confessar" — *homologeo*, "dizer a mesma coisa".

5. Martinho Lutero, "Sermon on the Sacrament of Penance," in *The Roots of Reform*, editado por Timothy J. Wengert (Minneapolis, MN: Fortress Press, 2015), p.189. Citação em tradução livre.

6. Oswald Chambers, *Tudo para Ele* (Publicações Pão Diário, 2023), devocional de 20 de maio.

7. Thomas McKenzie, *Lent with the Desert Fathers*, p.80. Citação em tradução livre.

8. Tim Keller, podcast *Gospel in Life*, episódio "Holiness; Overview," de 20 de maio de 2020, https://podcast.gospelinlife.com/e/holiness-overview/. Citação em tradução livre.

9. Kathleen Norris, "Holy Week and Easter," em *God for Us: Rediscovering the Meaning of Lent and Easter,* ed. Greg Pennoyer and Gregory Wolfe (Orleans, MA: Paraclete Press, 2015), p.196–97. Citação em tradução livre.

10. Keith Potter, "Holy God," *Devotions for Lent from Holy Bible: Mosaic*, YouVersion, acessado em 27 de maio de 2022, https://www.bible.com/reading-plans/105-devotions-for-lent-from-holy-bible-mosaic/day/22. Citação em tradução livre.

11. Ronald Rolheiser, introdução a *God for Us*, p.4. Citação em tradução livre.

12. Len Woods, *101 Important Words of the Bible: And the Unforgettable Story They Tell* (Grand Rapids, MI: Our Daily Bread Publishing, 2020), p.25. Citação em tradução livre.

13. Scott Cairns, "Third Week of Lent," em *God with Us*, p.87. Citação em tradução livre.

14. N.T.: Neste esporte, a equipe atacante (o rebatedor e os corredores) visa completar voltas ao redor do campo, passando pelas "bases", mas seus jogadores só podem correr quando elas estiverem sem nenhum jogador da defesa. Os jogadores da defesa (o lançador, o receptor e os demais defensores) buscam eliminar os atacantes ao capturar as bolas rebatidas, mas para isso precisam deixar as bases desprotegidas.

15. Stephen M. Miller, *Eyewitness to Crucifixion: The Romans, the Cross, and the Sacrifice of Jesus* (Grand Rapids, MI: Our Daily Bread Publishing, 2020), p.1. Citação em tradução livre.

16. Em uma das estranhas ironias dos Evangelhos, após a ressurreição de Lázaro, os líderes religiosos tramaram matá-lo — fazê-lo morrer novamente — para neutralizar aquele testemunho vivo do poder de Jesus.

17. Todos os quatro evangelhos falam dessa entrada triunfal, mas somente João menciona especificamente os ramos de palmeira. Mateus e Marcos apenas dizem "ramos", e Lucas só fala dos mantos estendidos no chão diante de Jesus (Mateus 21:7; Marcos 11:8; Lucas 19:36). Talvez seja assim porque Lucas era um gentio consciente de seus leitores gentios; os leitores judeus teriam entendido os ramos de palmeira de uma maneira que outros não teriam.

18. John Piper, "Hosanna! Palm Sunday," em *Desiring God*, 27 de março de 1983, https://www.desiringgod.org/messages/hosanna. Citação em tradução livre.

19. Elesha Coffman, "The Other Holy Day," *Christianity Today*, 1º de março de 2002, https://www.christianitytoday.com/ct/2002/marchweb-only/3-18-52.0.html.